Heilwig von der Mehden

Nehmt die Männer, wie sie sind
Es gibt keine anderen
Band 427, 128 Seiten, 16. Auflage

Keiner lebt wie Robinson
Von Verwandten, Bekannten und anderen Leuten
Band 474, 144 Seiten, 8. Auflage

Vielgeliebte Nervensägen
Von großen und kleinen Kindern
Band 516, 144 Seiten, 9. Auflage

Ehret die Frauen –
aber übernehmt euch nicht
Notizen aus dem weiblichen Alltag
Band 539, 144 Seiten

in der Herderbücherei

Heilwig von der Mehden

Mir ist doch so, als wär' mir was...
Vom angenehmen Umgang mit sich selbst
Band 587, 144 Seiten, 7. Auflage

Vier Wände und ein Gartenzaun
Doch wie's da drin aussieht...
Band 613, 128 Seiten, 4. Auflage

Schön ist es auch anderswo...
Wir gehen auf die Reise
Band 714, 128 Seiten, 2. Auflage

Backfischchens Leiden und Freuden
Wie Großmutter erzogen wurde
Band 750, 192 Seiten, 2. Auflage

„Ich hab' mich ergeben..."
Wie Großpapa erzogen wurde
Band 822, 192 Seiten

in der Herderbücherei

Herderbücherei

Band 658

Über das Buch

Wir alle wissen, daß das alte Sprichwort „Nach getaner Arbeit ist gut ruhn“ nur sehr bedingt zutrifft. Nach getaner Arbeit erwartet uns nämlich die Freizeit mit allen ihren Problemen: die Entscheidung, ob man fernsehen soll und die mancherlei Erfahrungen, die man dabei macht, der Entschluß, zu wandern oder ins Kino zu gehen, einmal gründlich auszuschlafen oder vor Tau und Tag das Hallenbad aufzusuchen. Mit guten Freunden kann man zum Essen gehen oder über Richard Wagner streiten, man veranstaltet Parties, kreiert Karnevalskostüme, plant ruhige Wochenenden, aus denen nie etwas wird, liest gute oder weniger gute Bücher und begeistert sich im Theater. Die Leute, die hauptsächlich „gut ruhn“ wollen, haben es also gar nicht so leicht: noch nicht einmal der bescheidene Mittagsschlaf gelingt immer. Um all dies und noch anderes geht es hier, denn die ewige Frage, was man tun soll, wenn nichts zu tun ist, läßt sich nur von Fall zu Fall beantworten. Fälle aber gibt es wie Sand am Meer.

Über die Autorin

Heilwig von der Mehden, 1923 in Essen geboren, in Köln und Bonn erzogen, wurde stets im Rheinland für eine Hamburgerin gehalten und in Hamburg für eine Rheinländerin. Studium: Germanistik, Geschichte, Zeitungswissenschaft, Kunstgeschichte, Theaterwissenschaft, Soziologie. Mitarbeiterin beim Rundfunk, Volontärin im Feuilleton der „Welt“, Redakteurin. Seit 1957 schreibt sie regelmäßig alle vierzehn Tage für die Zeitschrift „Brigitte“ eine Kolumne. Sie lebt in Bonn und ist verheiratet mit Conrad Ahlers.

Heilwig von der Mehden

Und was tun, wenn nichts zu tun ist?

Von den Freuden und Leiden der Freizeit

Herderbücherei

Originalausgabe
erstmals veröffentlicht als Herder Taschenbuch

Buchumschlag: Kristine Rothfuß-Rietmann

1. Auflage April 1978
2. Auflage Januar 1979
3. Auflage September 1979
4. Auflage März 1981

Herder Freiburg · Basel · Wien
Herstellung: Freiburger Graphische Betriebe 1981
ISBN 3-451-07658-6

Inhalt

Wer Pläne macht, hat mehr vom Leben

Von allen Onkeln und Tanten, die sich um uns kümmerten, ist uns der in besonders strahlender Erinnerung, der uns einen Esel kaufen wollte. Die anderen kauften uns Süßigkeiten und Spielzeug oder etwas zum Anziehen, alles Sachen, die wir auch wirklich bekamen. Den Esel aber bekamen wir nie. Trotzdem ist er uns allen in glanzvollerer Erinnerung geblieben als die anderen, wirklichen Geschenke. Er beschäftigte uns in den Sommerferien ein paar Wochen lang. Wir streiften die Gegend ab nach Wiesen, wo man ihn grasen lassen konnte. Wir sammelten Bretter für den Stall, wir stellten unter fürchterlichem Streiten genaue Pläne für seine Fütterung auf. Die Reitstunden waren festgelegt, und der Name des Grautiers wurde zum Gegenstand einer geheimen Wahl.

Und schließlich – an einem strahlenden Sommertag – brachen wir in einer großen, mit Saftflaschen und Butterbroten ausgerüsteten Expedition auf in den Zoo, um den Esel zu kaufen. Ich erinnere mich noch genau, daß wir mit dem Schaffner der U-Bahn einen langen Disput über die Frage hatten, ob er für den Rückweg den neugekauften Esel zulassen würde. Er erklärte sich netterweise dazu bereit. Leider aber brauchten wir auf sein freundliches Einverständnis nicht zurückzukommen: Der Esel war zu teuer, und es war auch gerade keiner zu haben. So wurde der stolze Plan – wie so viele stolze Pläne – fallengelassen.

Ähnlich ging es etwa unserem Grundbesitz in Brasilien. Er wurde uns vor ein paar Jahren zu Spottpreisen angeboten. Land in der Größe eines ertragfähigen Bauernhofes kostete nicht mehr als bei uns etwa ein mittlerer Kleiderschrank. Bloß lag das gewiß sehr fruchtbare Land mitten im Urwald und konnte weder mit dem Auto noch mit der Eisenbahn erreicht werden. Das einzige, was man positiv damit machen konnte, war, es mit dem Flugzeug zu überfliegen und vermessen zu lassen. Und das ist auf die Dauer ein bißchen wenig. Trotzdem waren wir ein paar Tage lang in Gedanken Grundbesitzer in Brasilien und fanden auf unserem Besitz abwechselnd Erdöl, Diamanten und Pythonschlangen für Handtaschen. Außerdem begannen wir zu siedeln, wobei sich liebe, begeisterungsfähige Freunde bereitwillig einplanen ließen: sie flogen mit uns im eigenen Hubschrauber nach Rio, um auszuspannen. Die Siedlerei erwies sich allerdings als etwas schwierig, weil alle Männer Großwild jagen und keiner roden wollte. Da wir aber gerade nicht den Gegenwert eines Kleiderschranks übrig hatten und außerdem ein paar Dinge noch dringender brauchten als Grundbesitz im Urwald, wurde auch aus diesem Plan nichts.

Überhaupt tragen gerade besonders aufregende und großartige Pläne die Wahrscheinlichkeit in sich, daß nichts aus ihnen wird. Manchmal ist einem das schon während der Planung ziemlich klar, und hier scheiden sich die Geister. Nämlich die, die sich weigern, ein höchst unsicheres, wenn auch verlockendes Projekt überhaupt zu diskutieren, von denen, die unbekümmert Luftschlösser bauen und dazu bereit sind, sich darüber zu erhitzen, was man alles auf eine Expedition mitnehmen muß, die aller Voraussicht nach nie stattfinden wird. Wir haben mit guten Freunden schon manche große Reise geplant. Die letzte führte per Schiff die Donau hinab zum Schwarzen Meer. Leider führte die Planung nur zu dem Ergebnis, daß wir seitdem fabelhaft darüber informiert sind, wo die Donau auf ihrem Weg ins Schwarze Meer überall vorbeifließt. Aber das ist ja schließlich auch etwas.

Herrlich planen läßt sich auch auf dem Gebiet des Wohnens. Und hier sind die, die wirklich bauen, denen, die nur planen, hoffnungslos unterlegen. Zum Beispiel haben alle geplanten Häuser, die ich kenne, Schwimmbäder. Die wirklich gebauten besitzen meist keins. Auch sind sie bei weitem nicht so üppig mit offenen Kaminen, Fremdenzimmern, Bars im Keller und eigenen Räumen für die Hausfrau ausgestattet wie die nur geplanten. Familien können mit heißen Köpfen über den vom Vater aufgemalten Bauplänen sitzen (über die jeder Architekt hohnlachen würde) und sich ernsthaft darüber zerstreiten, ob der kleine Raum neben dem Schlafzimmer – Vater hatte da noch ein Stück Platz übrig – zum Bügelzimmer oder zum Tummelplatz für die elektrische Eisenbahn werden soll. Bei allem Hin und Her verlebt die Familie einen genußreichen Abend; und ein allzu realistisch gesinnter Mensch, der die taktlose Frage stellen würde, wovon man eigentlich dieses Gebäude bauen wolle, würde sich sehr unbeliebt machen. Eigentlich sind diese nüchternen Menschen eher zu bedauern. Einem jungen Mädchen, das nicht bereit ist, darüber ernsthaft zu diskutieren, ob es sich später einen Wildledermantel oder lieber einen blauen Nerz anschaffen wird, geht sicher etwas vom Leben verloren, viel mehr, als das lebenslängliche Entbehren eines Nerzmantels ausmachen kann.

Um aber auf den Onkel zurückzukommen, der uns den Esel kaufen wollte, so muß ich noch hinzufügen, daß er nicht etwa mit unseren gläubigen Kindergemütern ein leichtfertiges Spiel getrieben hat: er plante den Esel genauso eifrig wie wir. Im Augenblick plant er übrigens den Bau eines Häuschens hoch oben im Apfelbaum für seine Großnichten und -neffen. Sie wissen alle schon genau, wie die Mahlzeiten beschaffen sein müssen, die in einem Korb hochgezogen werden sollen!

Haben Sie schon mal bei einem Preisrätsel gewonnen?

Während Anfang des Jahres 1976 allerorts an den einschlägigen Orten in Österreich Pisten hergerichtet, Hotelzimmer verplant, T-Shirts, Aschenbecher und Salzfässer mit Olympiaringen verkauft und in endlosen Diskussionen Medaillenchancen gegeneinander abgewogen wurden, fand ein überall ausliegendes Preisausschreiben statt, mit dessen Hilfe ein Teil der anfallenden Unkosten hereingebracht werden sollte. Die einzige Frage, durch deren richtige Beantwortung man in den Kreis der möglichen Gewinner gelangte, war von geradezu umwerfender Schlichtheit: „In welchem Jahr findet 1976 die Olympiade in Innsbruck statt?" lautete sie. Es würde mich wirklich ehrlich interessieren, ob es irgendeinem Trottel gelungen ist, sie falsch zu beantworten. Dabei ist es schon schwer genug, in den landläufigen Preisausschreiben etwa den Namen eines Putzmittels nicht richtig herauszufinden, wenn auf der gleichen Anzeige ein gleichfalls blitzblank aussehendes weibliches Wesen jauchzend eine Flasche schwenkt, auf der die richtige Bezeichnung steht. Oder aber man muß ein paar Buchstaben einfügen, was jedem Nichtanalphabeten um so leichter fällt, je bekannter die Packung ist und je öfter das gesuchte Wort vollständig ausgeschrieben im Zusammenhang mit der Anpreisung des Preisrätsels zu lesen steht. Manchmal hat man auch ein Quiz zu bestehen: Aber die Frage etwa, ob das Produkt wohl porentief, schonend, vollwirksam bei soundsoviel Grad, gewebefreundlich, zahnfleischpflegend und hautsympathisch ist, wird man schon ganz von selbst nicht mit „Nein!“ beantworten. Und den bekannten Wirkstoff mit dem geheimnisvollen Formelnamen, den eben andere Hersteller „normaler“ Prädikate zähneknirschend entbehren müssen, findet man auch leicht heraus: Er steht nämlich gleich nebenan.

Wenn es also gar nicht schwer ist, derartige Preisrätsel zu lösen, so teilt sich doch die Menschheit offensichtlich in Hälften auf: in die, die sich an Preisrätseln beteiligen, und in die anderen. Der Unterschied liegt nicht einmal so sehr im „Raten“ und Ausfüllen, sondern im Abschicken, wie jedermann weiß, der überall in Zeitungen und Zeitschriften auf ausgefüllte Preisrätsel stößt, die unausgeschnitten und unabgesandt geblieben sind. Sehr oft sind übrigens hier Kinderschriften auszumachen, weil es gerade die Kinder sind, die am heiligsten daran glauben, daß nur noch ein kleiner Schritt sie von 5000 Mark, einer Reise für zwei Personen nach Bangkok („Da nehme ich den Opa mit, wenn ihr nicht wegkönnt!“), einem nagelneuen VW oder einem Fahrrad mit Gangschaltung trennt, wenn sie doch schon das Rätsel offensichtlich ganz richtig herausbekommen haben. Es werden lange Debatten darüber angestellt, was bis zu ihrer Hochzeit mit dem Fertighaus geschehen soll und wo man es hinstellen kann, und die Frage, ob es wohl möglich sein könnte, daß die Veranstalter das Auto gegen ein Islandpony umtauschen, wird heiß diskutiert. Damit ist dann meist die Sache erledigt.

Daneben gibt es aber auch die geborenen Preisrätsler. Sie lösen, füllen aus und schicken ab, was ihnen nur in die Quere kommt. Manchmal tun sie dies jahrzehntelang geduldig ohne nennenswerten Erfolg, manchmal aber auch sahnen sie im Laufe eifriger intensiver Preisrätselei ganz hübsch ab. Neulich hatte ich Gelegenheit, in einem Heim für alte Damen einem erbitterten Streit über die Frage beizuwohnen, ob es wohl mit rechten Dingen zugehen kann, daß die eine bereits eine Wolldecke, ein Bowlengefäß für sechs Personen, ein Abonnement für eine Zeitschrift und – als absoluten Höhepunkt – ein Wochenende in Berlin gewonnen hatte, während ihre Zimmergefährtin bei nachweislich gleichen Lösungen und Einsendungen in der gleichen Anzahl von Jahren bis auf zwei Pakete Puddingpulver als Trostpreis völlig leer ausgegangen war. Sollte hier, so wurde erbost vermutet, nicht doch irgendeine Art von Protektion im Spiel gewesen sein? Einen Menschen, dem es gelungen ist, einen Hauptgewinn zu ergattern, habe ich übrigens noch nie kennengelernt. Aber manchmal sieht man sie abgebildet, wie sie in Hawaii aus dem Flugzeug steigen, den Schlüssel zum Fertighaus in Empfang nehmen oder mit dem großen Künstler Kaffee trinken. Dann wurmt es einen doch ein bißchen, wenn man sich vorstellt, dies könnte man genausogut selbst sein; immer vorausgesetzt natürlich, man hätte seine Lösung auch eingeschickt.

Wenn man ein bißchen herumfragt, so hat übrigens fast jeder einen Preisrätsler in seiner Bekanntschaft, dem es zum mindesten schon einmal gelungen ist, den einen oder anderen Preis („eine Kaffeemaschine“ oder „ein wertvolles Buch“) zu gewinnen, und der ungeachtet aller Spöttereien unverdrossen weiter mitmacht. War das beispielsweise ein Augenblick höchsten Triumphes, als Jürgens Onkel Karl-Heinz den Farbfernseher gewann! Man muß eben nur Ausdauer haben – und Vertrauen in sein Glück – und Briefmarken im Hause.

Weltesche mit Y

Wird der junge Mensch in der Schule nach einem Gebirgszug in Südrußland, einer Stadt in Hinterindien, einem griechischen Philosophen und dem Gott der Liebe im Alten Rom gefragt, so wird er dies zumeist als Zumutung empfinden, der er sich mit der oft schwer nachprüfbaren Behauptung: „Haben wir noch nicht gehabt!" zu entziehen sucht. Merkwürdigerweise stellt er sich aber in seinen freien Stunden freiwillig solchen und anderen Zumutungen, das heißt, er setzt sich hin und löst ein Kreuzworträtsel, in dem es noch auf ganz andere Fragen Auskunft zu geben heißt, die da lauten „Eigenschaft?" oder „Gehört im Ganzen zum Großen und Ganzen?" Dabei ist er so zielstrebig, gewissenhaft und fleißig, daß seine Eltern wünschen, er würde das gleiche Maß geistiger Anstrengung auf etwas Nützlicheres verwenden. Da sie aber in den allermeisten Fällen auch selbst manches liebe Mal mit gezücktem Bleistift vor einem Kreuzworträtsel sitzen, anstatt ein wertvolles Buch zu lesen, befinden sie sich in einer unsicheren Position.

Kreuzworträtsellösen kann zur Manie werden, so daß schon manch sonst duldsamer Mensch in echten Zorn geraten kann, wenn er feststellen muß, daß in seinem ganz persönlichen Massenmedium schon jemand anders an des Rätsels Lösung gearbeitet beziehungsweise sie gar gefunden hat. Manchmal ist auch die ganze Geschichte heillos – und wenn nicht mit Bleistift gearbeitet wurde – unheilbar vermurkst: wenn nämlich jemand am Werk war, der voreilig beim persönlichen Fürwort mit zwei Buchstaben

„er“ geschrieben hat, ohne vorsorglich „es“ und „du“ zu bedenken, oder, was schier noch voreiliger ist, den Mädchennamen mit vier Buchstaben mit „a“ am Ende, gleich auf „Anna“ festnagelte – ohne Rücksicht auf „Emma“, „Rita“, Edda“, „Ella“, „Inga“, „Ulla“ und „Lisa“. Auch bei Männernamen natürlich, bei deutschen Städten, bei Dichtern und Säugetieren ist Vorsicht am Platz – es gibt immer eine ganze Reihe von Möglichkeiten!

Da ist es doch gut, daß man über einen eisernen Bestand verfügt, den man mit einiger Kreuzworträtselerfahrung garantiert einsetzen kann: den Lebensbund Ehe, das Getränk Met, den Schwur Eid, das Meeressäugetier Wal und Ara, die Papageienart. Leider geben diese alle nur drei Buchstaben her, sind aber unter Umständen doch schon imstande, „Rita“, „Ulla“ und „Inga“ auszuschließen. Dagegen lobe ich mir das gute Gedächtnis, das die Weltesche „Yggdrasil“, „Klytämnestra“, die Gattin des Agamemnon, und das Goldland „Eldorado“ gespeichert hat und damit den endlos langen Sportler als „Freistilringer“ zu definieren möglich macht.

Leute mit gutem Gedächtnis sind die idealen Kreuzworträtsler und werden häufig auch als Hilfskräfte herangezogen, um einen italienischen Komponisten mit „s“ in der Mitte und eine Stadt in Südamerika mit neun Buchstaben herauszufinden. Solche Leute aber können auch ganz schön unangenehm werden – sei es, weil sie zum siebten oder achten Mal aus den Gedankengängen ihrer Lektüre herausgerissen werden, sei es, weil der Frager den deutschen Philosophen mit „N“ oder das Shakespearedrama mit „O“ am Anfang nicht selbst parat hatte. Im ganzen gesehen, ist aber auch der sonst bescheidene Mensch ganz schön eitel, wenn er auf Anhieb Wörter weiß, an denen andere lange mit Hilfe von „Waagerecht“ oder „Senkrecht“ verzweifelt herumtüfteln. Damit die Bäume aber nicht in den Himmel wachsen, sind zumeist die Kenntnisse verteilt: der eine ist perfekt in klassischen Göttern einschließlich der neun Musen, der andere hat einen Schatz von Gebirgszügen, Nebenflüssen und Hafenstädten gespeichert, und der dritte sieht einfach auf Anhieb, daß N-e-g-n nur Nähgarn bedeuten kann. Manchmal bleibt aber trotz aller Bemühungen irgendein zweifelhafter Rest, dem man zwar durch Forschungsarbeit im Lexikon oder Atlas beikommen könnte – aber schließlich soll die Raterei ja nicht in ernsthafte Arbeit ausarten. Da es sich im übrigen zumeist um Kleinstwörtchen handelt, bei denen auch die „senkrechte" oder „waagerechte" Umgebung nicht mehr weiterhelfen kann, trifft der Ratende dann mannhafte Entscheidungen: ein weithin unbekannter Nebenfluß namens „I-o" wird „Ino" benannt und die chemische Formel unten in der Ecke kriegt die Buchstaben NO. Manchmal wird man den schwarzen Verdacht nicht los, daß es der Kreuzworträtselanfertiger so ähnlich gemacht hat.

Hat man übrigens längere Zeit intensiv und schließlich erfolgreich über so einem Rätsel gebrütet, kommt ein Augenblick der Ernüchterung. Die Umwelt ist an der stolzen Leistung nur mäßig interessiert und außerdem noch der Überzeugung, daß ohne ihre Mithilfe die Sache sowieso nicht gelaufen wäre. So steht man also vor der ernüchternden Erkenntnis, daß ein gelöstes Kreuzworträtsel völlig ohne jeden Reiz und nur zum Wegwerfen geeignet ist.

Was einen aber natürlich nicht daran hindert, bei nächster Gelegenheit wieder angespannt und bienenemsig zu rätseln.

„Der Küchenmeister empfiehlt heute...“

Will man sein Essen einmal nicht vom heimischen Herd oder von befreundeten oder bekannten Herden einnehmen, so begibt man sich in ein Restaurant und bestellt es sich dort. Dies hört sich ganz einfach an, aber da man sich mit der Wahl auch die Qual einhandelt, ist die Sache natürlich doch nicht so einfach. Wahrhaft verwickelt und unerhört kompliziert wird sie aber erst, wenn sich eine Gruppe von Leuten zu gemeinsamem Mahl zusammensetzt. Zunächst bekommt man die Speisekarten – wenn man Glück hat für jeden eine. Da sehr oft Leute zusammenkommen, die sich nicht gerade an jedem Tag zu treffen pflegen, gibt's so viel mitzuteilen, daß sich zunächst einmal nur ein Teil der Versammelten – zumeist die Hungrigsten – mit der nötigen Sammlung der Lektüre widmet. Die andern erinnern fatal an eine Schulklasse, die sich – anstatt sich mit der Beantwortung einer Lehrerfrage zu beschäftigen – Privatunterhaltungen verschiedenster Art widmet. Übrigens fehlt zumeist auch der Lehrer in Gestalt eines fürsorglichen Menschen nicht, der die anderen ermahnt, doch erst die Auswahl zu treffen und dann die Frage zu klären, ob Walther Viktoria oder Viktoria Walther durchgebrannt ist. Leute mit angeborener Autorität ergreifen sogar das Wort und konstatieren: „Ich denke, am besten nehmen wir...“ oder: „Zuerst sollten wir alle...“ Wenn man diese autoritären Worte dahingehend deuten kann, daß der Sprecher alle anderen einlädt, dann haben derartige Vorschläge eine gewaltige Überzeugungskraft und die Bestellung geht reibungslos über die Bühne.

Falls jeder seine eigene Wahl zu treffen hat, ist genaues Studium der Speisekarte unerläßlich, es sei denn, man beauftragt damit einen erprobten Mitmenschen oder schließt sich blindlings einer auch sonst geschätzten Persönlichkeit an. Auch Taktfragen können eine Rolle spielen, wenn man nicht genau weiß, wie hoch man einsteigen kann oder ob es sich aus gewissen Überlegungen heraus verbietet, ein knoblauchhaltiges Gericht zu bestellen, ehe man weiß, ob ein bestimmter anderer aus der Tischrunde dies auch tut.

Wenn nun alle zu Entschlüssen gekommen sind, soll man aber ja nicht annehmen, nun könne eine reibungslose Bestellung aufgegeben werden! Zunächst kommt noch eine entscheidende Klippe: Man fragt die anderen, was sie sich ausgesucht haben. Und immer wieder kommt dann der Ausruf: „Wo steht denn das, das hab' ich noch gar nicht gefunden!" Es gibt eben stets noch versteckte Möglichkeiten unter „Spezialitäten des Hauses" oder „Der Küchenmeister empfiehlt heute", oder der Betreffende hat einfach eine Seite der Speisekarte überschlagen. Vielleicht hat er auch alles gelesen, aber dies oder jenes erscheint jetzt erst, wo ein anderer es bestellen will, so richtig begehrenswert. Man muß also umdisponieren, was zumeist auch einen Wechsel von Suppe oder Vorgericht nach sich zieht. Und wenn dabei aus einem Zwei-Personen-Gericht einer ausschert, ergeben sich unabsehbare Umbauten.

Der gezückte Bleistift des Oberkellners sollte dann eigentlich allen Überlegungen ein Ende setzen. Zuweilen aber ergibt sich jetzt erst die richtige Verwirrung, etwa wenn ein Gast nicht begreifen kann, daß in vier bestellten Ladies Curzon seine schon enthalten ist, wenn einer jedesmal, sobald ein anderer Ente à l'Orange bestellt, dazwischenruft, er wolle seine Ente ohne Orange, nur mit Natursauce, oder wenn jemand stereotyp während der Bestellung von Suppen wissen will, ob die Forellen aus der Tiefkühltruhe stammen. (Nebenbei bemerkt gibt es natürlich nie Forellen aus Tiefkühltruhen.) Auch manch mannhafter Entschluß, auf Suppe oder Vorgericht zu verzichten, wird im Laufe der Bestellung umgestoßen, so daß die Anzahl der angeforderten Ladies immer mysteriöser wird. Energische Leute verlangen schließlich, daß jeder Anwärter auf eine solche Suppe oder auf das Heringsfilet nach Art des Hauses seinen Finger hebt. Aber selbst diese Zählung gerät ins Wanken, wenn, wie es nur allzu häufig passiert, eifrige Damen darauf bestehen: „Und für meinen Mann auch eine ..." Diese Damen stiften überhaupt mancherlei Verwirrung, indem sie in rührender Sorge um ihre Mitmenschen deren Bestellung noch einmal dringlich wiederholen oder durch die Frage: „Wolltest du nicht eigentlich ...?" die Übersicht erschweren. Ganz zu schweigen von den Unentschlossenen, die nun zum allerletzten Mal ihre Entschlüsse ändern. Natürlich kann es auch sein, daß durch die traurige Meldung, statt der gewünschten fünf halben Wildenten befänden sich nur noch vier im Hause, neue Planungen nötig sind. (Natürlich wollen zunächst alle edel verzichten.) Ich glaube, mancher Oberkellner kann, wenn er die Bestellung von zwölf gemeinsam speisenden Leuten richtig notiert hat, auf eine vergleichbare Leistung wie die eines Schachmeisters zurückblicken, besonders, wenn es sich um eine etwa durch Martinis und Wiedersehensfreude fröhlich gestimmte Runde handelt.

Werden dann die Speisen schließlich vollständig und richtig serviert, ist dennoch mancher im tiefsten Inneren unzufrieden: Man hätte doch lieber das bestellen sollen, was einer der anderen gebracht kriegt!

Heute wollen wir mal früh ins Bett!

Der Vorsatz, heut mal früh ins Bett zu gehen, wurde meist gestern gefaßt. Gestern ist es nämlich dann spät oder noch später geworden, und da der moderne Mensch ständig an seine Gesundheit denkt, beschließt er gern, morgen alles an versäumten Schlaf aufzuholen. Außerdem – wenn man sich etwa nachts um zwei mit dem traurigen Bewußtsein niederlegt, daß die Nacht bereits um sechs oder halb sieben zu Ende sein wird – wirkt der Gedanke ungeheuer tröstlich, daß man aber ganz gewiß in der nächsten Nacht endlos lange schlafen kann. Übrigens neigen Männer, die man etwa gegen ihren Willen ins Kino, Theater oder auf eine Gesellschaft schleppt, dazu, in geradezu drohendem Ton festzustellen: „Morgen gehen wir aber mal früh ins Bett!", mit der Betonung auf dem „mal", so daß es klingt, als seien sie durch unsere Schuld in einen aufreibenden und ausschweifenden Lebenswandel geraten.

Es soll Leute geben, denen es wirklich zumeist gelingt, ihren Vorsatz, früh schlafen zu gehen, in die Tat umzusetzen; aber alle Leute, die ich kenne, kommen höchstens dann früh ins Bett, wenn sie es sich nicht vorgenommen haben. Zunächst einmal liegt es sicher daran, daß schon die Aussicht auf frühes Schlafengehen einen besonders munter macht, eine Tatsache, die einem bereits als Kind schwer zu schaffen machte; schon da wirkte der Hinweis auf die Segnungen des Schlafs vor Mitternacht geradezu wie Coffein und Sekt. Dann kommt noch der Wunsch dazu, daß man gern alles geordnet und geregelt haben will, ehe man sich zur Ruhe begibt. Wenn es schon ganz spät ist, so läßt man alles liegen, wie es liegt, und nur großer Ärger oder der Wunsch, die schwer arbeitende, überlastete Hausfrau hervorzukehren, bringt einen noch dazu, das Badezimmer wieder auf Hochglanz und alle gebrauchten Gläser, Teller und Aschenbecher sauber in den Schrank zu bringen. Um halb neun Uhr abends hingegen beginnt man unter Umständen noch rüstig herumzuwirken. Man fängt vielleicht damit an, einen abgerissenen Handtuchaufhänger anzunähen, und unversehens ist man in eine vollständige Reorganisation des Badezimmers unter Einbeziehung aller Medizin- und Kosmetikfächer verwickelt.

Manchmal kommt auch Besuch. Wenn er sich – hoffentlich – vorher per Telefon anmeldet, so blickt der eine der Frühschlafengeher den anderen, der das Gespräch annimmt, drohend an, worauf dieser dann höflich, aber nicht allzu bestimmt dem Anrufenden erklärt, eigentlich wolle man aber früh ins Bett gehen. In neunzig von hundert Fällen erklärt dann der Anrufer, er habe nur etwas ganz Kurzes, aber ungeheuer Wichtiges zu besprechen. Und damit ist das frühe Schlafengehen gestorben. Natürlich bleibt der liebe Gast dann doch ganz genau so lange wie sonst, mit dem einzigen Unterschied, daß er von Zeit zu Zeit so etwas bemerkt wie: „Ich gehe auch gleich, denn eigentlich wolltet ihr ja früh ins Bett!" Meist protestiert man dann charakterschwach. Ich kenne nur ganz wenige Leute, die wirklich auch liebe Gäste mit dem Hinweis darauf hinauskomplimentieren, daß sie eigentlich lieber schlafen möchten. Die meisten dulden still oder führen wenigstens eine Grippe oder Kopfschmerzen ins Feld. Sehr kühn ist es schon, zu sagen: „Ich glaube, meine Frau muß jetzt unbedingt ins Bett, sie sieht schon ganz erschöpft aus!" Woraus man wieder ersehen kann, zu was allem Frauen nützlich sind.

Wie alle gemeinsam gefaßten Entschlüsse wird auch der, mal früh schlafen zu gehen, oft dadurch ins Wanken gebracht, daß nicht alle bei der Stange bleiben. Was hilft es, wenn der eine tatsächlich Schlummer suchend im Bett liegt, der andere aber rastlos in der Wohnung herumwerkt oder sich gleich nebenan stundenlang mit lautem Geraschel der Zeitungs- und Zeitschriftenlektüre hingibt? Eine freundliche Erinnerung daran, daß man doch eigentlich mal ganz früh schlafen wollte, wird merkwürdigerweise sehr oft mit der völlig unsachlichen und nicht zum Thema gehörenden Feststellung beantwortet, man sei schließlich ein erwachsener Mensch. Große Feinde frühen Schlafengehens sind natürlich auch die ganz kurzen Blicke, die man eben noch schnell in ein Buch oder auf den Bildschirm werfen will. Mag auch sonst das Programm oft in keiner Weise fesselnd sein – an solchen Abenden ballt sich so viel Spannung zusammen wie selten. Und das Buch, das sich bis dahin nur so langsam dahingequält hatte – plötzlich wird es gewissermaßen munter. Wie kann man die Hauptperson in den spannendsten und schönsten Situationen ihres Lebens verlassen? Und dann kommt von einem Augenblick zum andern der Moment, in dem man wirklich müde wird. Ach ja, wie gern wäre man nun im Bett! Aber was müßte man da alles vorher tun? Vom Sessel aufstehen, nach den Schuhen angeln, Apparat abstellen, Heizung versorgen, Hund hinausführen, sich waschen, Zähne putzen ... und man ist doch so müde! So kommt es, daß man in dem nachlassenden Buch dreimal die gleiche Seite oder in der Zeitung alle Anzeigen liest, daß man ebenso nachdenklich wie gedankenlos auf ein paar verschlungene Tapetenmuster starrt oder auf dem Bildschirm einen späten Film über allerlei fremde Gewässer sieht, anstatt endlich mit einem Ruck schlafen zu gehen. Vielleicht tut man dann gähnend die Äußerung: „Aber morgen, morgen gehn wir endlich mal früh schlafen!“

Nur ein Nickerchen nach dem Essen

Zu den eisernen Regeln, nach denen man früher großgezogen wurde, zählte auch die: Bis zum sechsten Geburtstag gehört ein Kind nach dem Mittagessen ins Bett und auch noch eine Weile länger, weil die Schule in der ersten Zeit so anstrengend ist. Gegen diese sicher sehr gesunde und bekömmliche Regel aber waren von jeher die Betroffenen, da von einem gewissen Alter an alle Kinder den Mittagsschlaf immer gehaßt haben. Ich erinnere mich beispielsweise noch sehr genau daran, daß meine Mutter mir zu versprechen pflegte, ich brauchte gar nicht zu schlafen, sondern nur ein wenig zu ruhen, und daß ich ihr es immer sehr übelnahm, wenn ich dann doch fast regelmäßig einschlief. Allerdings erinnere ich mich auch an Mittage, an denen ich verbittert durch das offene Fenster meine Freunde draußen spielen hörte, mit der Haarspange Löcher in die Wand bohrte und versuchte, die Gardinenkordel bis an die Decke zu schleudern. In der Abneigung der lieben Kleinen gegen das Mittagsschlafen hat sich seitdem nichts geändert, in der Berücksichtigung dieser Abneigung durch die Mütter allerdings sehr viel. Das bedeutet, daß längst nicht mehr alle Kinder in den Genuß dieser sehr bekömmlichen Ruhestunden kommen und – was auch nicht ganz unwichtig ist – ihre Mütter demzufolge auch nicht.

Ein sehr großer Teil der Menschheit legt sich nämlich, wenn er nicht mehr muß, sehr gern nach dem Essen ein wenig nieder. Manche Mütter stellen mit Erstaunen fest, daß ihre heranwachsenden Sprößlinge plötzlich um die

Mittagszeit zusammengerollt auf ihren Betten liegen, und das aus eigenem, freiem Entschluß. Die Kleinen sind erwachsen geworden, und nun zieht möglicherweise endlich mittags jener tiefe Friede ins Haus ein, um den man unter Umständen jahrelang hat kämpfen müssen. Und wie viele Male ganz vergeblich!

Man sollte wirklich meinen, daß die Möglichkeit bestünde, sich etwa tagtäglich von zwei bis drei Uhr Ruhe zu verschaffen. Diese Möglichkeit besteht aber offenbar nur sehr beschränkt. Es fängt an mit getuschelten Verhandlungen vor der Tür, ob man wohl stören darf, die der „Schlafende" natürlich ganz genau mit wachsendem Unmut verfolgt. Man muß dreißig Pfennig für ein Diktatheft herausrücken, nur ganz schnell sagen, ob spazieren mit tz geschrieben wird oder ob Klebstoff im Hause ist, und entscheiden, ob der Hund mit oder ohne Leine hinaus soll. (Da letzteres geschieht, um die Mittagsruhe zu sichern, kann man noch nicht einmal Unmut zeigen.) Außerdem will man wissen, was im Badezimmer so geklirrt hat und warum die Haustür offensteht. Zudem scheint es, als ob alle Leute, die nicht mittags schlafen, um diese Zeit telefonieren. Jedenfalls klingelt das Telefon, und wenn man von einem höflichen Menschen angerufen wird, gibt er der Hoffnung Ausdruck, er habe einen nicht in der Mittagsruhe gestört. Freunde und Freundinnen der jüngeren Generation kennen diese konventionellen Hemmungen übrigens nicht: Da dies offensichtlich die beste Zeit ist, um Verabredungen zu treffen, trifft man sie eben ungeniert dann.

Aber auch andere Hindernisse treten bisweilen auf, beispielsweise mit dem Wetter zusammenhängende. Wann ist die so selten strahlende Wintersonne am strahlendsten? Wann ist im Sommer die beste Gelegenheit zu einem Sonnenbad? Wann ist es im Frühling und Herbst am Schwimmbad noch eben erträglich? Und so trabt man spazieren, sonnt sich oder bleibt über Mittag am Strand, was man natürlich alles sehr genießt – aber irgendwie fehlt dem überzeugten Mittagsschläfer doch etwas. Manche lassen sich übrigens durch gar nichts von ihrem Ruhestündchen abbringen und tyrannisieren Familien und Freunde damit, daß jede Unterhaltung um etwa halb zwei beendet sein muß oder erst um halb vier beginnen darf; und wenn dies durch höhere Gewalt einmal nicht sein kann – aber da muß die Gewalt schon sehr hoch sein! –, sind sie so ganz richtig ungenießbar, damit nur ja keiner auf die Idee kommen könnte, es ginge auch so. Diese Menschen verstehen es übrigens in der Regel auch, sich Ruhe zu verschaffen, und in ihren Behausungen herrscht nach dem Essen jene Grabesstille, die nur durch Furcht und Schrecken erreicht werden kann. Ich erinnere mich da an einen Haushalt, wo in der Mittagszeit der Küchenwasserhahn nicht aufgedreht werden durfte und das An- und Ausknipsen der Lampe auf dem recht dunklen Flur eine Todsünde war.

Die Art der Ausführung des Mittagsschlafes ist sehr verschieden, aber beim gleichen Menschen fast immer gleich. Das fängt an bei dem vor allem bei alten Leuten beliebten (und oft abgestrittenen) Nickerchen im Ohrensessel und endet bei einem richtigen soliden Bettschlaf im Nachthemd. Dazwischen liegen dann noch die Möglichkeiten halbausgezogen oder angezogen auf dem Bett, nur ohne Schuhe mit Wolldecke auf dem Sofa oder ganz angezogen auf der Couch – in welchem Falle es oft Debatten wegen der Schuhe geben kann. Manche brauchen zum Einschlafen ein Buch oder eine Zeitung, und manche schlafen angeblich gar nicht, sondern wollen nur in Ruhe ein wenig lesen. Manche liegen auch wie einst als Kind kribbelig da und warten, bis die Stunde vorbei ist, die ihnen der Doktor unter fürchterlichsten Drohungen verordnet hat.

Übrigens ist es erstaunlich, wie viele, ehe sie sich mittags hinlegen, „gute Nacht!“ sagen.

Am Sonntag gehen wir bestimmt spazieren!

Der normale Hund gebärdet sich fast verrückt vor Freude, wenn er, kraft seiner Intelligenz, an gewissen Vorbereitungen erkennt, daß spazierengegangen werden soll: Er springt durchs Haus, windet sich vor Wonne, sucht nach seiner Leine und erfüllt die Atmosphäre mit entnervendem Gebell, das einen daran hindert, intensiv zu überlegen, wo denn Portemonnaie und Wildlederhandschuhe zu suchen sind.

Leider stehen die normalen Hunde auf diesem Gebiet, eben dem des Spazierengehens, ziemlich einzig da. Der normale Mensch hingegen kann zumeist seine Begeisterung für die gesunde und schöne Betätigung des Spazierengehens in Grenzen halten. Die meisten Kinder hassen es geradezu, da es wirklich nur ein Minimum an Unterhaltung verspricht, sobald sie aus dem Kinderwagenalter heraus sind und vorübergleitende Bäume, Häuser und Hunde sie nicht mehr zu fesseln vermögen. Ich erinnere mich mit Schaudern an Promenaden mit meinem sonst sehr geliebten Großvater, der auch noch die Angewohnheit hatte, unterwegs vor Buchläden stehenzubleiben oder Bekannte zu treffen, mit denen er längere Zeit, gleichfalls im Stehen, zu diskutieren pflegte. Er mochte es auch gar nicht gern, wenn schließlich meine Schwester und ich um ihn und seine Bekannten herum Fangen spielten, und den Spielplatz mit Rutsche, den wir als Ziel gern angestrebt hätten, verabscheute er zutiefst. Auch heute noch müssen Kinder, die einesteils zu groß und andernteils zu klein sind, um die Freuden eines schönen Spazierganges (ohne ein irgendwie lohnendes Ziel) zu genießen, neben ihren Eltern oder Verwandten einhertraben – besonders am Sonntagvormittag. Aber das ist gar nichts gegen die Leiden all der jungen Stadtmütter, die Tag für Tag wegen der notwendigen frischen Luft mit ihren Kleinen im Schneckentempo durch irgendeine ein bißchen grüne Straße oder in einem Park wandeln. Die Stunde, die man sich gesetzt hat, geht und geht nicht um, das liebe Kind hat eine Vorliebe für alles, was unappetitlich aussieht, und die wechselnden Möglichkeiten von hinaus und hinein in die Sportkarre, selbst schieben oder ziehen, Teddy solo im Wagen, unter der Decke auf dem Schoß oder auf die Straße werfen sind nahezu unerschöpflich.

Später denkt man an die eigene Gesundheit, etwa indem man am Sonntagabend, nachdem man den ganzen Sonntag in der Wohnung zugebracht hat, beschließt: Am nächsten Wochenende machen wir aber einen großen Spaziergang! Viele Leute haben eine echte Begeisterung für große Spaziergänge, die nicht gleich, sondern erst in einer Woche stattfinden sollen. Manchmal finden sie auch statt, vor allem, wenn man sie nicht gleich vom Sonnabend auf den letzten Termin am Sonntagnachmittag verschiebt, und dann geschieht es jedesmal, daß man von ganzem Herzen beschließt, dies in Zukunft öfter zu tun. Es ließe sich natürlich auch noch einiges verbessern: Man wird das nächstemal einen noch größeren Bogen machen, andere Schuhe anziehen, die und die netten Leute mitnehmen und vielleicht noch irgend etwas arrangieren, damit man auf dem Rückweg des großen Spazierganges ein lohnendes Ziel in Gestalt eines gedeckten Kaffeetisches oder eines Lokals ansteuern kann. Finden Sie es nicht auch ungerecht, daß nach großen Marschleistungen die meisten Männer immer noch, zufrieden mit sich, alle viere von sich strecken, während die Frauen zur Verpflegung der Wanderer in die Küche eilen?

Für Leute, die solche Spaziergänge über längere Strekken durch Wald und Feld lieben, sind natürlich jene anderen Unternehmungen, in deren Verlauf man sonntags morgens, fein angetan mit gleichfalls auf Hochglanz gebrachten Kindern, im Kurpark oder auf der Promenade lustwandelt, ein echter Greuel. Aber auch hier gibt es überzeugte Genießer, wie das feiertägliche Gewimmel an neuen Hosen und Kostümen, Kinderwagen und Hunden, Jungen mit Mützen und Mädchen mit feinen Kleidchen beweist. Sehr oft begegnet man auch hier leicht gelangweilten Vätern mit kleinen Kindern. Man kann sich richtig vorstellen, wie die Mutter daheim die Ablösung auskostet und unter dem Vorwand, inzwischen das Sonntagsessen zu kochen, zunächst einmal ein wenig die wundervolle und ungewohnte Ruhe genießt. Zu den großen, aber seltenen Freuden älterer Eltern gehört es übrigens, auf der Sonntagspromenade, wo man natürlich immer Bekannte trifft, von erwachsenen Kindern begleitet zu werden. Erstens können dann andere Leute ruhig mal merken, was für einen guten Sohn (oder eine gute Tochter) man hat, und zweitens kann es auch nichts schaden, wenn sie sehen, wie er (oder sie) sich herausgemacht hat. Nicht ganz so gut, aber auch sehr eindrucksvoll sind übrigens wohlgeratene Enkelkinder, sofern sie nicht die geruhsame Kurpromenade für die Großeltern zu einem Auftritt als Raubtierdompteure umfunktionieren.

Zahlreich bleiben dennoch jene Spaziergänge, die nicht stattfinden, und es trägt nicht immer das Wetter daran die Schuld: Manchmal kommt eben etwas dazwischen – und sei es auch nur, daß man bei den gleichfalls fest entschlossenen Freunden beim Abholen hängenbleibt, obwohl man doch nur schnell einen Schluck zur Stärkung einnehmen wollte. Aber am nächsten Wochenende dann ganz bestimmt!

Dies wird ein ruhiges Wochenende

Das Wochenende, das als Lohn einer mühsamen Woche noch unerreichbar fern vor uns liegt, erscheint uns angenehm umfangreich und voll der schönsten Möglichkeiten. Je näher es aber rückt, um so mehr schrumpft es zusammen. Und wenn wir es schließlich erreicht haben, rast es nur so dahin, so daß all das, was wir eigentlich auf dies Wochenende verschoben hatten, bei weitem nicht erledigt werden kann. Je ferner das Wochenende liegt, um so leichtfertiger wird es verplant. Da sagt man etwa am Montag gedankenlos zu relativ gleichgültigen Leuten: „Gukken Sie doch am Sonntagmorgen mal bei uns 'rein!“ – und schon hat man gewissermaßen den ganzen kostbaren Sonntagmorgen verschenkt, da man nicht nur ans Haus gefesselt ist und die unverhoffte Morgeneinladung zu einem improvisierten Sektfrühstück ablehnen muß, sondern darüber hinaus zu schicklicher Frist sich anzukleiden und den Frühstückstisch abzudecken hat. Angesichts solcher Beschwerlichkeiten kann das Wochenende wirklich nicht sorgfältig genug geplant werden.

Es fängt zumeist so an, daß man sich im Brustton der Überzeugung gegenseitig versichert: „Diesmal machen wir aber mal einen ganz ruhigen Sonnabend/Sonntag zu Hause!“ Manchmal kommt dieser Vorsatz aus ehrlichem, reinem Herzen. Leider aber muß auch erwähnt werden, daß man zuweilen bereits mit der besten Freundin darüber einig geworden ist, sich am Samstagabend ganz groß zum Essen ausführen zu lassen, vorausgesetzt, daß es gelingt, die Männer auf diese Idee zu bringen. Männer hingegen bewegen die Absicht im Herzen, uns spätestens am Samstagvormittag klarzumachen, daß sie unbedingt zu HSV – Werder Bremen müssen, weil ihr bester Freund ganz gegen jede Verabredung Karten besorgt hat und man den Guten doch wirklich nicht kränken darf – zu dumm! Und so bröckelt allmählich das stille Wochenende immer mehr auseinander.

Um peinliche Doppelplanungen zu vermeiden, ist es besonders gut, wenn Einigkeit darüber besteht, wer Verabredungen trifft. In den meisten Fällen tun dies die Männer, was ganz gewiß seine Vorteile hat. Vor allem den, daß wir notorisch an allem unschuldig sind. Weder können wir etwas dafür, wenn wir bei unseren reizenden Freunden auf lauter langweilige Mitgäste treffen, noch dafür, daß es auf der Autobahn nach Lübeck von Idioten wimmelt, noch dafür, daß bei Grünewalds zu spät und zu schwer gegessen wird, noch dafür, daß es nicht gelingt, in Ruhe einen Stapel Zeitungen auszulesen. Wenn wir die fraglichen Verabredungen getroffen hätten, könnten wir zum mindesten mit weidwunden, anklagenden Blicken rechnen. Nachteile gibt es natürlich auch. Kein vielbeschäftiger Mann legt sich gern fest. Wie kann er schon am Donnerstag sagen, wonach ihm Sonntag sein Sinn stehen wird? Auch sind die Verabredungen häufig nicht ganz präzise. Was etwa soll man daraus machen, wenn unsere Männer miteinander verabreden, daß wir uns alle ganz bestimmt am Wochenende sehen wollen? Und wenn sie uns erklären, daß die und die Leute ganz bestimmt kommen, während die Sache bei allen anderen noch unsicher ist? Übrigens ist bei dieser Verabredung die Frage, ob all die Lieben zum oder nach dem Abendessen kommen, taktvollerweise gar nicht berührt worden – immer nach dem Motto: „Ein Butterbrot wird ja wohl im Hause sein!" Leider muß hier auch auf die traurige Tatsache hingewiesen werden, daß das Wochenende für jede Frau auch – neben den reinen Freizeitgestaltungsfragen – gewisse Verproviantierungsprobleme beinhaltet. Zunächst einmal will man selbst gut leben, und weil jene sagenhaften Gäste, die, selig und ohne zu murren, nur mit einem trockenen Brötchen als sonntäglichem Abendessen zufrieden sind, inzwischen ausgestorben zu sein scheinen, ist es schon ganz nett, rechtzeitig zu wissen, ob man Gast sein wird oder Gäste hat. Manche Männer finden solche Bedenken spießig und laden fröhlich in allerletzter Minute ein, obwohl doch Filetsteaks abgezählt zu sein pflegen. Wie manches Bœuf Stroganoff kommt so zustande! Übrigens lassen sich alle Hausfrauen wahnsinnig gern am Wochenende zum Essen einladen, anstatt selber zu kochen. Und die Gespräche mit der besten Freundin, mit deren Mann verabredet worden ist, daß wir uns alle am Wochenende bei ihnen oder bei uns treffen wollen, sind wahre Musterstücke an Selbstverleugnung.

Aber auch die ganz ruhigen Wochenenden zu Hause gibt es wirklich: man faulenzt herrlich herum, ißt und schläft zu den unmöglichsten Zeiten und befindet sich mit sich und der Welt im tiefsten Frieden und freundlichsten Einklang. Bloß finden sie eigentlich nie statt, wenn man sie sich ausdrücklich vorgenommen hat, sondern etwa dann, wenn man endlich gemeinsam den Garten in Ordnung bringen wollte und es in Strömen gießt; oder wenn ein unerwarteter Hexenschuß jede körperliche Aktivität kategorisch lahmgelegt.

Ein Hobby verpflichtet!

Das Sommerhaus unserer Freunde haben wir sozusagen mitgebaut. Es fing an mit den Qualen der Grundstückskaufentscheidung, die wir getreulich mitdurchlitten, ging weiter über den Bauplan und den Ärger mit all den verschiedenen Handwerkern, die zuweilen höchst eigenwillige Vorstellungen hatten, und es endete mit dem Einkauf eines herrlichen knallblauen Kaffeeservices und der Rosenknospenvorhänge für den Alkoven. Als alles fertig war, als die Büchsen mit eingemachten Pfirsichen, Erbsen und Bohnen im Speiseschrank standen und das Kaminholz aufgestapelt war, da beschlich uns trotz aller Freundschaft ein leises Gefühl des Neides, als unsere Freunde dann sagen konnten: „Im Sommer, da fahren wir natürlich in unser Sommerhaus an die See!"

Inzwischen sind Jahre vergangen, und neulich sagten unsere Freunde wieder: „Im Sommer, da fahren wir natürlich in unser Sommerhaus an die See!" Aber obgleich es dieselben Worte waren, hatten sie doch einen ganz anderen Klang. Zum mindesten bei der Frau möchte ich beschwören, daß bei aller Freundschaft ein leises Gefühl des Neides mitschwang, des Neides auf alle die Leute, die nach Italien, nach Griechenland, in die Lüneburger Heide oder auch an die See fahren können, ganz wie es ihnen beliebt, die auch in Hotels wohnen können, wo sie bedient werden, die wie Zigeuner mit dem Zelt herumziehen können, wenn es ihnen Spaß macht, die aber auf alle Fälle nicht jedes und jedes Jahr an die gleiche Stelle fahren müssen, weil sie dort ein wunderschönes Sommerhaus besitzen, für das sie gespart und gedarbt haben und das sich ja nun rentieren soll. Von dieser Erwägung abgesehen, muß auch einmal jemand nach der Dachrinne gucken, der Zaun sollte gepinselt werden, und die Rosenbüsche wachsen in den Himmel. Nicht, daß unsere Freunde ihr Sommerhaus leid wären – aber ein kleines Haar ist doch in der Suppe.

Das gleiche Haar, habe ich mir berichten lassen, gibt es auch bei anderen Hobbys. Je kostspieliger sie sind, desto mehr fühlt sich der Mensch ihnen verpflichtet, wenn er nicht gerade so reich ist, daß es ihn überhaupt nicht stört, wenn etwa seine Segeljacht nur im Jachthafen liegt und Liegegebühren und Pflegekosten schluckt. Der gewöhnliche Sterbliche als Jachtbesitzer muß einfach segeln! Es gibt nur so wenige Wochenenden in der Saison, da kann er doch unmöglich zu Hause bleiben, wenn auch das Wetter gar nicht so recht verlockend ausschaut oder wenn er spät ins Bett gekommen ist und eigentlich lieber zu Hause herumtrödeln möchte. Nur die wenigsten Leute, die neidvoll den majestätischen Anblick eines lautlos vorüberziehenden Bootes bewundern, können ermessen, wie unangenehm es sein kann, mit klammen Fingern die Großschot halten zu müssen. Und dann bedarf das Boot auch noch einer Pflege, an der gemessen die Pflege eines Säuglings ein reines Nichts ist. – Auch eine perfekte Campingausrüstung oder ein Wohnwagen verpflichten den Menschen, seine Freizeit in ganz bestimmtem Rahmen zu gestalten. Natürlich macht es ihm Spaß; aber manchmal – ganz manchmal – träumt er vielleicht von einem Hotelzimmer mit eigenem Bad. Und wenn der Mensch eine Sie ist, so träumt sie sicher noch ein klein wenig öfter von einem gedeckten Tisch und beflissen herbeieilenden Kellnern, die dann auch nach dem Essen das schmutzige Geschirr wegtragen. – Oder wenn man erst einmal alles Nötige zum Angeln angeschafft hat (und kein Mensch, außer Anglern und deren Freunden und Mitmenschen, vermag auch nur zu ahnen, was es da alles anzuschaffen gibt!), dann ist jeder Tag ein auf immer verlorener Tag, an dem der Hecht oder sonst ein Wassertier beißt, und man ist nicht auf dem Wasser. Lästigerweise ist die beste Zeit für dieses Hobby obendrein noch etwa gegen fünf Uhr früh.

Alle Tiere, die in Zusammenhang mit Hobbys stehen, behalten einige Eigenschaften, die dem Besitzer, der sich doch eigentlich nur erfreuen will, lästigste Verpflichtungen auferlegen. Wild muß gehegt werden, Vögel verlangen auch dann Futter, wenn man verreist ist und also gar keine Freude an ihrem Gesang empfindet, Aquariumfische stellen sich entsetzlich mit ihren Wassertemperaturen an, und Hunde, ja Hunde müssen zu allen unpassenden Zeiten auf die Straße, weinen hinter einem her, lassen die ganze Umgebung unter ihrem Liebesleben leiden, ärgern im Urlaub die Hotelbesitzer oder kommen um vor Heimweh, wenn man sie daheim läßt. Besonders aber zu leiden hat in unserer Bekanntschaft ein Pferdebesitzer: er hat ein sehr edles feuriges Pferd, vor dem er sich eigentlich ein bißchen grault. Je weniger er es nun reitet, desto feuriger wird es, und desto mehr grault er sich davor. Am allerbesten – um dies am Schluß festzustellen – sind die ganz kostspieligen Hobbys, wenn nicht wir, sondern unsere Freunde sie haben und willig verleihen. Ein geliehenes Sommerhaus, Segelboot oder Luxuszelt ist in den meisten Fällen ein viel reineres Vergnügen als ein eigenes (– das man dann selber herleihen muß, damit es auch ausgenutzt wird).

Ehret den Fotografen ...

Es gibt wohl kaum einen Menschen auf der Welt, der nicht mit brennendem Interesse Aufnahmen von sich selbst betrachtet. Wenn es ihn aber doch gibt, dann tut er nur so. Da man nämlich normalerweise sein Spiegelbild nur von vorn sieht, ist es immer wieder merkwürdig festzustellen, wie man sonst noch aussieht. Frauen legen in schöner Natürlichkeit eine ganze Photomaton-Serie ausgebreitet auf den Tisch und fragen, welches wohl am schönsten sei und ob das rechts oben nicht fabelhaft lange Wimpern habe. Männer hingegen lassen ihre Konterfeis achtlos in der Jackentasche verschwinden, um in unbeobachteten Momenten (oder was sie dafür halten) ebenfalls die ganze Galerie auszubreiten und sinnend zu betrachten. Wie alle Zeitungsleute sattsam bestätigen können, ist es selbst alten, weisen und bedeutenden Männern, von denen man fest annimmt, daß nur gewaltige Dinge in ihren Köpfen bewegt werden, durchaus nicht gleichgültig, welches Bild man von ihnen abdruckt.

In jedem Haushalt – er sei noch so winzig – gibt es eine Schachtel mit Fotografien. Diese Schachtel hat die Eigenart, daß sie ständig zu klein ist, wie oft man sie auch durch eine größere ersetzt. Denn kein Mensch wirft Fotos weg, es sei denn, sie stellten den Eigentümer als besonders häßlich, alt, dick oder sonstwie abscheulich dar. Oder aber das Wegwerfen ist der symbolische Schlußpunkt einer Tragödie. Sonst aber wird jedes Foto getreulich aufbewahrt. So findet man denn die Mannschaft des zweiten Zuges der ersten Kompanie neben der Klasse R 8a der

Kaiserin-Augusta-Schule. Das Haus, in dem Vetter Franz zuerst wohnte, als er nach Amerika zog, wird genauso aufbewahrt wie die jungen Hunde, die Maibohms Asta von nebenan bekam. Und irgendwelche überbelichteten Berge und verwackelten Stadttore gibt es auch in jedem Kasten.

Die technischen Mängel der Berge und Stadttore liegen bekanntlich stets am Film, am Apparat, am Wetter, am Gegenlicht und an sonst noch möglichen Fehlerquellen – nur der Fotograf trägt, wie jedermann weiß, keine Schuld daran. Denn das Fotografieren ist ein beständiger Kampf gegen die Tücke unzähliger Objekte. Welch einen grandiosen Sieg aber stellt es dar, wenn es einem etwa gelingt, den schiefen Turm von Pisa mit herrlichen kleinen weißen Wölkchen vor blauem Himmel aufs Bild zu bekommen. Es tut der Siegesfreude auch überhaupt keinen Abbruch, daß es in Pisa nur so von wohlfeilen Fotos des schiefen Turms vor blauem Himmel und weißen Wölkchen wimmelt. Der leidenschaftliche Fotograf sieht nur seine eigenen Bilder und hat nur das gesehen, was er auch auf dem Film mit nach Hause trägt.

Zu Hause ist es manchmal für ihn schwer zu begreifen, daß nicht alle Welt gerade auf sein Abbild des schiefen Turms atemlos gespannt ist. Wehe dem Gast des leidenschaftlichen Fotografen, der den Vorschlag annimmt, sich rasch nur ein oder zwei Bilder vom Urlaub anzusehen! Er wird den Rest des Abends damit zubringen müssen, die ganze Italienreise zu betrachten, zum Vergleich dazu die vorjährige Expedition nach Jugoslawien und weiterhin, um zu sehen, wie man sich im Laufe der Jahre in Bergaufnahmen vervollkommnet hat ... Hier gelingt es vielleicht der Hausfrau endlich, den lange geplanten unauffälligen Tritt gegen das Schienbein des Gatten anzubringen, der seine Begeisterung stoppt. In allen guten Ehen wird hin und wieder diese Methode angewandt.

Andere Foto-Künstler bevorzugen das Menschliche als Objekt. Historische Tage werden bei ihnen im Bild festgehalten: der Betriebsausflug, die silberne Hochzeit, der neugeborene Neffe, Tante Julianes siebzigster Geburtstag und der erste Schulgang von Claudia (mit Schultüte und neuem Mantel). Diese Bilder sind meist weniger künstlerisch und mehr nach dem Motto, daß möglichst alles gut und deutlich zu sehen ist, hergestellt, aber sie haben dennoch ihren großen Reiz. Dieser Reiz nimmt beständig zu, je älter sie werden. Das Gruppenbild etwa einer Theateraufführung, bei der mein Großvater eine Art Wallenstein darstellte, und Frau Rechtsrat Prigge mit aufgelöstem Haar daneben steht als Frau Wallenstein, während alle meine Onkel und Tanten vorn vor der waffenstarrenden Gruppe im Grase lagern als lauter kleine, aber recht müde und mißgelaunte Wallensteinchen, ist eine Quelle reinster Freude. Und empfindet man nicht noch einmal das Glücksgefühl jenes Tages, wenn man das kleine 6mal-9-Bild ansieht, auf dem fünfzehn junge Mädchen, die soeben ihr Abitur bestanden haben, umarmt und ziemlich albern vor Glück auf der Schultreppe stehen?

Übrigens gibt es zweierlei sehr voneinander verschiedene Sorten von Fotografen: knipsen tun sie alle, aber von den einen bekommt man Abzüge, während die Bilder der andern nie ein Sterblicher zu sehen bekommt. Warum ist völlig unerfindlich. Hier sei noch jenes Jünglings gedacht, der auf meinem ersten Karnevalsball Blitzlichtaufnahmen machte, wozu vorher alles verdunkelt wurde. Später stellte sich heraus, daß er keinen Film im Apparat hatte, sondern von einigen anderen Jünglingen mit wahrhaft dunklen Absichten für die Dunkelheit honoriert wurde.

Zum Schluß möchte ich sagen, daß alle meine Bemerkungen gegen die Fotografen im Grunde genommen dem reinen Neid entspringen. Irgendwie ist bei mir immer Apparat, Film, Beleuchtung und Objekt nicht in Ordnung gewesen; deswegen habe ich bereits seit Jahren als Fotografin resigniert. Hätte ich ein paar künstlerische Aufnahmen vorzuweisen – so würde ich es sicherlich genauso machen wie alle anderen knipsenden Leute ...

„Muß ich mich etwa umziehen?“

Wenn ein Mann fragt: „Muß ich wirklich ein weißes Hemd anziehen?“, so erwartet er in neunundneunzig von hundert Fällen die Antwort „Nein!“ und ist mehr oder weniger verstimmt, wenn er eine andere Auskunft erhält. Die Frage kann auch variiert werden in: „Muß ich wirklich einen Schlips umbinden?“ oder: „Muß ich mich etwa umziehen?“, aber immer erhofft der Fragende einen negativen Bescheid, denn sonst würde er ja wohl selbständig tätig werden. Offensichtlich ist es zuweilen eine schlimme Plage, sich repräsentativ herzurichten, und der Betroffene grollt nicht nur den widrigen Umständen, sondern auch der Person, die da meint, dies wäre nötig. Und wenn die gleiche Person nun noch für den Anlaß der lästigen Prozedur verantwortlich ist, dann braucht der Mann seine ganze Liebe und Geduld, um diese Prüfung zu überstehen. Begibt er sich in einem solchen Fall mit sichtbarem Widerwillen ins Schlafzimmer, so unterscheidet er sich in diesem Augenblick nicht allzusehr vom jüngsten Sohn, wenn dieser mit wahrer Schlachtopfermiene von dannen schleicht, um sich gezwungenermaßen vor dem Essen die Hände zu waschen. Trifft man dann später mit dem angemessen Gekleideten auf der jeweiligen Veranstaltung ein, kann man von Glück sagen, wenn dort nicht ein unbekümmerter Mensch im Pullover herumsitzt. Die vorwurfsvollen Blicke, die einen dann treffen, bedeuten etwa: Der hat's gut! Nicht nur, daß er so herrlich bequem gekleidet ist – offensichtlich hat er auch keine Frau, die ihn unnötig herumscheucht!

Wenn man sich nicht gerade in einen besonders korrekten oder modebewußten Herrn verliebt, hat man von Anfang an gewisse Schwierigkeiten. Man hätte doch so gern, daß er überall einen vorzüglichen Eindruck macht. Er hingegen begreift nicht, daß man einen Gedanken an solche Äußerlichkeiten verschwendet. Er findet, daß die kleinlichen Menschen, die an einem Tweedjackett in der Oper Anstoß nehmen, einfach nicht hinschauen sollen. Und sie versteht zwar, daß das Nichttragen von weißen Oberhemden ein Teil seines Kampfes gegen die bürgerliche Wohlstandsgesellschaft ist, meint aber, daß er in diesem Kampf nicht wesentlich zurückgeworfen wird, wenn er ihr zuliebe wenigstens zur Hochzeit ihrer Schwester eins tragen würde. Wie auch immer die Entscheidung ausfällt – die Dame hat zu leiden: Entweder grollt er ihr wegen seines unwürdigen Aufputzes, oder die Verwandten und Bekannten sticheln wegen seines Polohemdes oder seiner Cordhosen. Außerdem muß sie ihn auch noch verteidigen, obwohl sie ihn vor ein paar Stunden selbst davon zu überzeugen versucht hat, wie unmöglich sein Aufzug ist!

Übrigens kann man auch mit modebewußten Herren seine Schwierigkeiten haben: Natürlich ist sein Wildlederanzug hinreißend, aber wenn man ihn so mit den Augen der Eltern betrachtet, bei denen man zu einem feierlichen Abendessen erscheinen soll, dann wünschte man doch, man könne ihm, ohne daß er einen als spießig verachtet, beibringen, daß ein normaler Anzug mit Krawatte für diesmal vielleicht doch besser wäre. Man hat ja schließlich auch das freche, gelbe Kleid nicht angezogen, als man zu seiner Mutter ging!

In solchen Augenblicken sollte man nicht in jugendlichem Optimismus dazu neigen, hier Anfangsschwierigkeiten zu sehen, die später bestimmt überwunden werden. Es handelt sich vielmehr darum, daß der Betreffende sich vielleicht mit zunehmendem Alter allmählich etwas konservativer kleidet – die Grundschwierigkeiten jedoch bleiben bestehen.

Da gibt es zum Beispiel jene sonst sicher sehr lieben Menschen, die nach dem Motto: „Die meinen wohl, bei uns wäre das nicht nötig“ ständig dazu neigen, beleidigt zu sein, wenn man ihretwegen keine Umstände macht, was die Garderobe betrifft. Nun kann man zwar denken: „Sollen sie doch!“, und der dem Umkleiden abgeneigte Mann argumentiert mehr in diese Richtung als seine Frau, die, in dankbarer Erinnerung an das Fahrrad, das sie von einem solchen Onkel einst bekommen hat, eher dazu neigt, aus ihren langen Hosen in ein festlicheres Gewand umzusteigen. Aber warum soll man schließlich nicht alten Leuten eine Freude machen oder zu Minderwertigkeitskomplexen neigende Menschen ehren, wenn es so einfach ist? Schließlich hängen ja die Sachen im Schrank!

Während man so jahrelang einen freundlichen Kleinkrieg führt, wachsen unversehens neue Schwierigkeiten in Gestalt der Söhne heran. Was manche Mütter erleben, ehe sie etwa zwei Knaben dazu gebracht haben, ordentlich gekleidet und halbwegs anständig frisiert irgendwo in Erscheinung zu treten, grenzt an das schier Unglaubliche. Hier geht es nicht mehr um gewisse Hemden und Krawatten, hier muß man gegen unsaubere Hemden, uralte Jeans, Pullover mit unanständigen Aufschriften (nach deren Bedeutung dann eine ahnungslose Tante fragt), indianischen Kopfputz, bloße Füße in Sandalen und geflickte Jacken kämpfen. Und es geht nicht mal um die Bequemlichkeit – es geht ums Prinzip! Die ganz jungen Damen sind zunächst einmal hingerissen von dieser abenteuerlichen Aufmachung und verachten die Knaben sehr, die sich von ihrer Mutter auf bürgerliche Weise feinmachen lassen. Aber warten Sie nur ab: In ein paar Jahren werden die gleichen jungen Damen die Frage: „Muß ich mich etwa umziehen?“ mit einem klaren Ja beantworten.

Es geht nichts über ein schönes Familienfest!

Große Ereignisse werfen ihre Schatten voraus. So ist es zumeist eine der weniger sonnigen Stunden, in der vor nahezu jedem Familienfest die Planung ausdiskutiert wird. Es gibt da die verschiedensten Anlässe, die Streit oder spezielles und allgemeines Unbehagen hervorrufen können. Das kann ein zahlenmäßiges Mißverhältnis zwischen erwünschten Gästen und Raummetern sein oder unterschiedliche Ansichten darüber, was unter dem bindend vereinbarten „schlichten Rahmen“ zu verstehen sei; es kann sich um die Anschaffung neuer Kleider handeln und um die Hinzuziehung von Musik. Handelt es sich gar um jene Art von Festen, wo eine fremde Familie zur eigenen stößt, geht es zusätzlich um schwierige Taktfragen, die vor allem darauf hinauslaufen, wie man den anderen personell und materiell imponieren kann, ohne in den leisesten Verdacht der Angabe zu geraten (und ohne sich zu ruinieren, natürlich!). Es gibt also viel zu bedenken, und Detailfragen wie die, ob Klapperdeckchen zwischen den Tellern spießig sind und ob man eine der Tischreden dem Vetter Manfred anvertrauen kann, der zwar auf diesem Gebiet glänzend begabt ist, aber unter dem Einfluß edler Tischweine zuweilen anzüglich und ausfallend wird, haben nicht nur schon Schatten geworfen, sondern wahre Gewitterstürme ausgelöst.

Die schrecklichsten Probleme aber gibt es ganz sicher im Personellen. Man weiß doch nur allzugenau, daß man unter Umständen das Ende eines Schlinggewächses ergreift, weil an einer Person mehrere andere hängen: Sei es, weil die liebe Tante nun einmal mit dem Onkel verehelicht ist, der immer spätestens beim Dessert gegen die Ostpolitik zu Felde zieht; sei es, weil die weniger netten Kusinen tödlich beleidigt sind, wenn die netteren eingeladen werden und sie nicht; sei es, weil die eine Familie ein kränkendes Übergewicht über die andere bekommt, oder sei es, weil die und die uns auch immer einladen, aber über die doppelte Anzahl von Personen wie wir verfügen. Bei einem solchen Punkt der Überlegungen angelangt, beschließen manchmal die Hauptpersonen, einfach zu kneifen und sich statt des Familienfestes eine schöne, weite Reise zu gönnen. Dies ist aber nur bedingt möglich (bei Erstkommunionen, Taufen und Konfirmationen beispielsweise dürfte es schwierig sein), und außerdem gibt es ja auch immer noch tapfere Leute, die erst in Schwierigkeiten zu ganz großer Form auflaufen. Dies trifft vor allem auf die Hausfrau – mit oder ohne Beruf – zu. Denn selbst wenn genügend Hilfswillige zur Verfügung stehen, so ist sie es doch, die schließlich im Kopf haben muß, ob genügend Servietten da sind, ob die geliehenen Bestecke rechtzeitig geholt werden, die Kuchenplatten reichen, Saft für die Antialkoholiker und Autofahrer im Hause ist, wo man Streichhölzer und Tischkarten griffbereit liegen hat und, vor allem, ob die Ernährung sichergestellt ist. Denn wenn auch vor jedem Familienfest irgendeiner den schönsten Satz ausspricht, daß man doch schließlich nicht des Essens und Trinkens wegen zusammenkäme und man sich um Himmels willen keine Umstände machen solle, so spricht doch jahrhundertelange Erfahrung familienfeiernder Generationen dagegen.

Hat übrigens das Fest begonnen, so überkommt die Veranstalter – wenn sie nicht gerade von extrem unglücklicher Veranlagung sind – das beruhigende Gefühl, daß nunmehr die Sache läuft und man ohnehin nichts mehr ändern kann, weder an der Tatsache, daß gleich die ersten am kalten Büfett den ganzen Lachs aufgegessen haben, noch an der, daß keine Zigarren im Hause sind, der Bräutigam sich von der unliebenswürdigen Seite zeigt, der Täufling spuckt und ausgerechnet die beiden Onkel, die sich nicht mögen und keinen Hehl daraus machen, gemeinsam die Geschenke mustern. Und dem kleinsten Sohn, den man doch so sorgfältig eingekleidet hatte, hängt schon wieder das Hemd hinten aus der Hose! (Beim gleichaltrigen Neffen natürlich nicht!) Aber nun ist dies ja auch egal – und eigentlich haben wir wieder einmal ein richtig nettes Familienfest! Und wenn man dann noch sieht, wie die Hauptbetroffenen – sie seien acht, vierzehn, zwanzig oder fünfundsiebzig Jahre alt – strahlen, dann war die ganze Planerei und Plackerei nicht umsonst!

Zu einem echten Familienfest gehört natürlich noch eine Zusammenkunft, wo man im engeren Kreise bei Resten vom Vortage noch einmal das Fest durchspricht. Das Kleid, das Ilse anhatte, findet hier genauso eine Würdigung wie der Rehrücken, die Ansprache des Pfarrers, die Eltern der Braut, die neue Freundin von Walther. Man darf sich bei diesem Vergnügen nicht von dem Gedanken stören lassen, daß vielleicht gleichzeitig eine Parallelveranstaltung stattfindet, wo ebenfalls das Fest, allerdings in Abwesenheit der Gastgeber, besprochen wird. Wie berichtete mir doch eine Tante, die zwar geladen war, aber nicht kommen konnte: „Es soll ja alles sehr schön gewesen sein. Aber stimmt es, daß auf dem einen Tisch eine Decke lag, wo der Hohlsaum kaputt war?“

Um noch einmal darauf zurückzukommen …

Es gibt nicht vieles, was einen so verbittert wie dies: In einer lebhaften Unterhaltung hat man etwas wirklich Interessantes zu sagen, von der Art, daß einem alle Leute voller Staunen und Bewunderung zuhören würden, weil man gewissermaßen endlich das entscheidende Licht auf die Problematik würfe – aber man kommt und kommt nicht zu Worte. Wie ein Luchs liegt man auf der Lauer, um bei der kleinsten Pause ins Gespräch einzubrechen, aber es will einfach nicht gelingen. Und selbst wenn es gelingt, reden einem andere Leute rücksichtslos nach den ersten drei Worten dazwischen. Nun könnte man ja seinerseits unbeirrt mit erhobener Stimme weiterreden – aber wer tut das schon, zumal sich gerade Frauenstimmen in erhobenem Zustand nicht besonders vorteilhaft anhören … Man leidet darunter, daß das Gespräch weitergeht und schließlich die Grenze überschreitet, bis zu der man seine lichtvollen Gedanken allenfalls noch hätte anbringen können. Aber was hilft's! Ja sogar wenn man sich später im allerengsten Kreis etwa bei dem beklagt, der einem ständig ins Wort fiel, wartet man vergebens auf irgendeine Art von Reue. Im Gegenteil, wahrscheinlich wird der Betreffende schlicht abstreiten, einen überhaupt unterbrochen zu haben. Leute, die einen nicht ausreden lassen, haben nämlich meist nicht die geringste Vorstellung von dieser ihrer Untugend. Und wenn man sie ihnen schlagend beweist, bringen sie es sogar fertig, als Erklärung vorzubringen: „Ich wußte ja ohnehin, was du sagen wolltest!", was ziemlich beleidigend ist und auch ganz sicher nicht den Tatsachen entspricht. Aber man wird den Gegenbeweis nie antreten können. Schließlich zählt man ja nicht zu jenen zähen Leuten, die ihre Gedanken immer bis zur völligen Erschöpfung aller anderen Gesprächspartner anzubringen wissen. Selbst wenn längst alle von der modernen Jugenderziehung über Kriminalität, Filme- und Liedermacher, Fernsehsynchronisation, Dolmetscherberuf und Diplomatie bei den gesellschaftlichen Ereignissen der Saison angekommen sind, nutzen diese Menschen jede winzige Gesprächspause aus, um mit den Eingangsworten „Um noch einmal darauf zurückzukommen ..." wieder mitten in die moderne Jugenderziehung einzusteigen, ohne die himmelwärts gerichteten Blicke der anderen auch nur wahrzunehmen. Manche haben auch die merkwürdige Eigenschaft, Sätze, die andere Leute begonnen haben, zu beenden, um gewissermaßen ihr Einfühlungsvermögen für die Gedankengänge des anderen zu dokumentieren. Leider verwirrt und ärgert das den anderen beträchtlich, weil er nämlich im Begriff war, den Satz ganz anders enden zu lassen. Vor allem Leute mit etwas gesetzter Sprechweise haben unter dem ‚Einfühlungsvermögen' ihrer Mitmenschen oft sehr zu leiden und wären richtig glücklich, ließe man sie auch in größerem Kreise einmal in Ruhe ausreden.

Andere wieder haben auf diesem Gebiet überhaupt keine Schwierigkeiten. Irgendein undefinierbarer Zauber macht es ihnen möglich, das Gespräch an sich zu reißen und nicht wieder herzugeben. Bei klugen und amüsanten Leuten kann man das noch verstehen, aber auch echten Langweilern gelingen auf diesem Gebiet zuweilen wahre Wunder. Wie manche Geselligkeit starb schon dahin, weil jemand darauf bestand, die Geschichte seines Autounfallprozesses bis ins Detail in epischer Breite zu schildern oder seine Gedanken zur Europapolitik zu entwickeln. Zuweilen leidet man auch an einer Diskussion über ein mäßig interessantes Thema, in das sich zwei Leute festbeißen und das sie nicht wieder loslassen wollen. Ich erinnere mich düster an ein Forellenangler-Fachgespräch, das temperamentvoll, lautstark und lange quer über den Tisch geführt wurde und jede andere Unterhaltung erschlug. Aber auch politische Unterhaltungen haben die Neigung, zu einer Nummer für zwei Solisten zu werden, die sich selbst durch massive Versuche der Gastgeber, das Duett zu sprengen, nicht vom Thema mit Variationen abbringen lassen. Unnötig festzustellen, daß auch bei den längsten Unterhaltungen dieser Art nie ein gemeinsames Ergebnis erzielt wurde. Da aber verbissene Diskutierer kaum den Mut sinken lassen, halte man sie in Zukunft voneinander fern, sonst werden sie bei nächster Gelegenheit von neuem untereinander ringen.

Eins haben die Leute, die am meisten zu Worte kommen, gemeinsam: Sie genießen begreiflicherweise die Geselligkeit am meisten, so daß wenigstens derjenige, der seinen Autounfallprozeßhergang in aller Ausführlichkeit anbringen konnte, der Ansicht ist, er habe einen unterhaltsamen Abend unter lauter anregenden Menschen verbracht. Und der Ehemann, der, in heiße politische Diskussion mit einem einzigen Gast verwickelt, dauernd vergaß, den anderen die Gläser nachzufüllen, wird im Gegensatz zu seiner Frau, die voller Verzweiflung die übrigen Gäste verstohlen gähnen sah, der Ansicht sein, einen interessanten Abend geboten zu haben. Was seine Frau nach dem Weggang der Gäste auch daran zu erkennen pflegt, daß er sie angeregt fragt: „Hast du den Kerl gehört? Um noch einmal darauf zurückzukommen …“

Karnevalsartikel? Erster Stock rechts!

Ganz etwas anderes hat man im Sinn – vielleicht ein Stück grünen Vorhangstoffs oder ein paar Strümpfe für die Schuhgröße 28 – aber plötzlich landet man mitten in der Abteilung Karneval. Sie macht sich dort breit, wo sonst die Pappmachédamen zwar unzulänglich, aber reizvoll gekleidet einander mit gezierten Handbewegungen Büstenhalter und Spitzenhöschen zeigen. Dort also findet man jetzt alles, was man braucht, um sich schön oder lustig herauszuputzen: Hüte, Perücken, Ohrgehänge, Ketten, Münzen, Nasen und Stoffe. Vielleicht hat man längst ein Kostüm zusammengestellt, vielleicht braucht man auch gar keins, auf jeden Fall bleibt man trotzdem stehen, sieht sich alles an und wird zum mindesten im Geiste sofort schöpferisch tätig: ein wundervoller schwarzer Seeräuberhut zu dreizehnfünfzig etwa ... dazu rote Strumpfhosen! Natürlich hat kein echter Seeräuber je in roten Strumpfhosen sein hartes Brot verdient, aber was macht das aus, wenn einem rote Strumpfhosen gut stehen? Große runde Ohrringe und jene schwarzen Augenklappen, ohne die kein Pirat, der auf sich hält, auf Kostümfesten anzutreffen ist, sind natürlich auch am Lager. Sicher kann man auch etwas Schickes auf der Basis einer Kleopatra-Perücke aufbauen, wie man sie hier für sein Geld fast nachgeworfen bekommt. Natürlich weiß man, daß Perücken spätestens gegen zwölf Uhr die gleiche Wirkung wie Pelzmützen haben und daß man sie nicht absetzen kann, weil auch das hübscheste Haar unter ihnen verdrückt und unansehnlich wird. Aber was hilft's? Kleopatra trug ihre Haaraufbauten bekanntlich an den glühendheißen Ufern des Nil, wo es ganz sicher mindestens ebenso warm war wie auf dem total überfüllten „Blauen-Affen-Ball", und ihre Erfolge waren schließlich nicht ganz ohne. Untenherum kann Kleopatra irgend etwas mit den wundervollen langen Seidenfransen tragen, die hier in allen Farben auf den Tischen liegen. Und von dem ganz, ganz falschen Schmuck, der noch viel falscher ist als Modeschmuck, gibt es Wagenladungen: goldene Münzen, die auf einer Seite hohl sind, blutrote Rubine nicht unter Vogeleigröße, Brillantentiaras von riesigen Dimensionen und meterlange Perlenschnüre in den unwahrscheinlichsten Regenbogenfarben. Bei den letzteren ist übrigens Vorsicht geboten: Druck halten sie auf keinen Fall aus. Man lacht plötzlich in Erinnerung an jene Tempeltänzerin im Perlschnürenrock, die mit einem Schmerzensssschrei wieder in die Höhe fuhr, als sie sich auf eine harte Treppe setzte. Und die Verkäuferin, die zur Hüterin über all diese Kostbarkeiten gesetzt ist, sieht einen verwundert an.

Natürlich gibt es auch die dicken perlenumkränzten Smaragde, aus denen Büschel von aufrechten weißen Glasfäden in die Höhe ragen, mit denen sich dem Vernehmen nach schon seit fünfzig Jahren die unechten Maharadschas herausputzen. Maharadschas gibt es überall und immer, von den ganz feinen im Frack bis hinunter zu denen, die offensichtlich eine sportliche Abart mit bloßem Oberkörper darstellen, und jeder Freundin von Karnevalsveranstaltungen fällt sicher bei diesen Smaragden etwas ein – sei es auch nur ein fürstlicher Fußtritt beim Tanzen. Zigeunerinnen und Spanierinnen tragen goldene Ketten und Armbänder mit kleinen Halbmonden, die man auch lose kaufen kann, das Stück zu einsfünfzig, und jene kleinen Tamburins aus Papier und Spanholz, die man gleich nach dem glorreichen Einzug in den Saal irgendwo oder bei irgendwem deponiert und später niemals wiederfindet.

Wundervolle Seiden und Tülle in leuchtenden Farben

türmen sich auf den Tischen. Man kann sie mit Verkehrszeichen, mit afrikanischen Motiven, mit Teufeln, Totenköpfen und ganzen Zeitungen bedruckt kaufen: aber durch trübe Erfahrungen gewitzt, weiß man, daß sie jede eingesessene Falte getreulich bewahren, jede sorgfältig und kunstsinnig eingebügelte hingegen stolz abweisen: Ach, wie vielen verkrumpelten Prinzessinnen, Südseemädchen, Teufelinnen und Ungarinnen hat man schon mitleidig auf die Röcke geschaut!

Nasen mit Brillen und ohne Brillen, wallende Bärte mit Schnäuzern, Raffzähne, Bismarckbrauen und schielende Kulleraugen sind für alle jene zu haben, die voller Selbstverleugnung auf jede angeborene Schönheit verzichten und bis zur Unkenntlichkeit komisch aussehen wollen. Nur tapfere Männer tragen künstliche Bärte, denn Bärte können abscheulich jucken, wenn man sie nicht gewohnt ist. Sie kommen einem auch zuweilen in den Mund und schmecken schlecht. Und manchmal wollen und wollen sie nicht festhalten. Wie soll ein Mensch sich auf die Anknüpfung zarter karnevalistischer Bande konzentrieren, wenn er dauernd seinen Bart neu befestigen muß? Nasen dagegen kann man ganz vergessen. Männer mit falschen Nasen können früh um vier tiefsinnige Gespräche von getragenem Ernst führen, ohne daran zu denken, daß aus der Mitte ihres Gesichtes ein ungeheuer rotglühender Erker mit haariger Warze ragt.

Schließlich – wenn man tatsächlich allen Erwerbsgelüsten heroisch widerstanden hat – wird man die Karnevalsabteilung dann doch nicht verlassen, ohne wenigstens – für alle Fälle! – ein paar Rollen Luftschlangen, zwei oder drei Tüten Konfetti und ein paar kleine Beutel mit Papierbällchen zu kaufen. Sie kosten ja fast nichts, und schlimmstenfalls legt man sie zu den angebrochenen Packungen von Luftschlangen und Konfetti, die man schon seit Jahr und Tag für alle Fälle in irgendeiner Schublade aufhebt.

Vom Kostümfest zurück...

Jedem Karnevalsfest ist ein Ende beschieden, und jedes Ende findet mit dem Wiedereintritt in die heimischen Gemächer statt. Leider aber kehrt nicht jeder so fröhlich heim wie jene Vierjährige im Kostüm einer kleinen weißen Katze, die mit eingerissenem Ohr, verschmiertem Schnurrbart und gar nicht mehr schneeweiß, aber strahlend vor der Haustür stand und begeistert rief: „Ich hab' mindestens hundert Gewinne und meinen Schwanz in dieser Tüte!" Vor allem nicht so frisch: Große Leute pflegen spät heimzukehren und bemerken dann meist an der Haustür, wie schrecklich müde sie sind. Zwar haben sie Stunden um Stunden nach mehr oder weniger heißen Rhythmen Großes vollbracht, aber nun ist jeder Schritt eine Anstrengung, und die Tatsachen, daß die geliehenen Stiefel doch nicht so ganz genau nach Maß gearbeitet waren oder die bloßen Zehen ein getretenes Dasein geführt haben, drängen sich schmerzhaft ins Bewußtsein; genauso wie die vorsorglich festgeschraubten Ohrringe und die allzu stramm gegürtete Taille. Man streckt sich im Garderobenspiegel die Zunge heraus und beginnt am gesunden Urteil der übrigen Menschheit zu zweifeln: Wie war das nur möglich, daß ein Mensch mit so einem Gesicht auf einige unbestreitbare Festerfolge zurückblicken kann? Die hochkünstlerische Bemalung ist verwischt, und zwei müde Augen werden durch verschmierte Wimperntusche auch nicht glutvoller. Die vor Stunden noch so mondäne Perücke wirkt eher albern als verführerisch, und die Nase glänzt. Ach ja, und der Gedanke, daß man sich jetzt ins

Badezimmer zu begeben und als gepflegter Mensch mit Watte, Reinigungsmilch, Wasser und Fettcreme zu hantieren hat, ist auch sehr anstrengend zu Ende zu denken. Wenn man übrigens trotz aller Müdigkeit beim Hantieren mit dem Wattebausch den Schlager des Abends summt, dann war das Fest sicher gelungen. Nicht gelungen war der Fasching zweifellos immer dann, wenn die Heimkehrer verhältnismäßig früh und in keiner Weise erschöpft ihr Heim betreten und sich alle Papierblumen, Goldpailletten, Locken, Schnurrbärte, Falten und Hüte noch fein säuberlich an Ort und Stelle befinden. Wohl dem, der in diesem Augenblick den tröstlichen Gedanken pflegen kann, daß er das geschonte Kostüm dann und dann ja noch einmal tragen wird (ohne es vorher aufbügeln zu müssen).

Bei Paaren, die sich gemeinsam zum Karneval begeben, ist bei der Heimkehr wesentlich, ob sie getrennt oder geschlossen stattfindet, und – wenn gemeinsam – ob in einem Augenblick, der beiden gerade gepaßt hat. Es ist etwas Wundervolles um ein Paar, das bei solchen Anlässen gleichzeitig müde zu werden pflegt. Andere Paare – und sie sind gar nicht so selten – haben unter Umständen schwer zu leiden. Es ist höchst bitter, nach Hause zu müssen, wenn man sich gerade königlich amüsiert, und es ist sehr quälend, nicht nach Hause zu können, wenn man sich kein bißchen amüsiert und die Viertelstunden nur so schleichen. Der getrennte Heimweg wird auch nicht immer fröhlich, sondern mindestens genauso oft mit bohrendem Groll im Herzen angetreten, und das Wiedertreffen zu Hause verläuft nicht immer rein harmonisch – trotz manchen guten Vorsatzes. Leider werden häufig die falschen Worte gewählt – seien es nun unangebrachte Vorwürfe oder faustdicke Lügen wie etwa die eines Spätheimkehrers, der erst nach dem Frühstück erschien und obenhin bemerkte, eigentlich habe er das Fest eher langweilig gefunden.

Nicht immer ist der Heimweg von einem Faschingsfest der direkte Weg nach Hause; unter Umständen ist er verschlungen und zeitraubend. Zuweilen führt er auf eine andere Party, zuweilen mit einer großen Clique in einen Suppenkeller oder zum Bahnhofswartesaal, zuweilen in einer sehr kleinen Clique in irgendein Appartement, wo der Besitzer oder die Besitzerin darauf besteht, Kaffee zu kochen. Und manchmal geht man nur einfach noch ein wenig frische Luft schnappen und wandert durch die menschenleeren Straßen. Es tut nichts, wenn gestreifte Schlafanzughosen unten aus dem Mantel hervorlugen, wenn die Nase am Gummiband um den Hals hängt und der Brautunterrock ein wenig die nasse Straße fegt. Noch nicht einmal kalte Füße bekommt man, obwohl man sonst nicht gerade um diese Jahreszeit mit goldenen Sandalen im Park herumzuspazieren pflegt. Manchmal erlebt man auf solchen Nachhausewegen geradezu poetische Augenblicke: Astronaut und Steinzeitfrau schauen nachdenklich auf den Fluß im Morgennebel, oder Colombine läßt sich mit liebevoller Rührung die Sandkiste in den öffentlichen Anlagen zeigen, in der Iwan der Schreckliche zu spielen pflegte, als er noch ganz klein und lieb und gar nicht schrecklich war.

Aber irgendwann langt man schließlich doch an der Haustür an. Und ganz gleich, ob es dann ein Abschiednehmen vor der Tür gibt, oder ein gemeinsames Nachhausekommen, oder eine einsame Heimkehr – man wird von großer Dankbarkeit ergriffen, daß hinter dieser Haustür in der Wohnung ein Bett steht und wartet. Gute Nacht!

Worüber soll man nur reden?

Mit seinen allerbesten Freunden kann man auch schweigen. Man sitzt beispielsweise nach einem guten Essen in bequemen Sesseln, hört irgendeine belanglose Musik, trinkt hin und wieder einen Schluck seines Nachtischgetränks und sagt gar nichts oder je nach Bedarf: „Fabelhaftes Soufflé" oder „Geht's Euch gut?" oder „Na ja!" Jedenfalls stürzt man sich in keinerlei wie auch immer geartete geistige Unkosten. Sogar der Griff zur Zeitung ist erlaubt, selbst wenn man die Unterhaltung nicht mit der Mitteilung, daß in Australien zur Zeit ungewöhnliche Wetterverhältnisse herrschen und in Kanada jeder sechshundertste Geschiedene seine bisherige Schwiegermutter heiratet, zu beleben gedenkt. Mit allen anderen Leuten muß man reden – es sei denn, kein gesellschaftlicher Anlaß verpflichtet einen, und sie sind in der Tat ganz wildfremd –, und das ist manchmal eine echte Aufgabe.

Es gibt Leute, mit denen man gewissermaßen auf Anhieb im allerschönsten Gespräch ist. Was auch immer man sagt, sie gehen darauf ein: das und das Buch haben sie auch gelesen, den Film haben sie nicht gesehen und wollen es auch auf keinen Fall, wofür sie gern bereit sind, ihre Gründe zu erläutern, im Urlaub waren sie da und dort, aber unseren Urlaubsort kennen sie von vor sieben Jahren und wollen ganz genau wissen, ob Don Pedro doch den fabelhaften Schinken hat und sich stets bei der Rechnung verrechnet, und die ganz, ganz dünnen, modernen Fotomodelle wollen sie nicht geschenkt. Es ist sehr gemütlich, neben solchen Plauderern – männlich oder weiblich – zu sitzen, und man hegt nach einiger Zeit wahrhaft freundschaftliche Gefühle füreinander. Mit anderen Leuten tut man sich erheblich schwerer. Da sind die Schüchternen, die durch die Aufgabe, jetzt Konversation machen zu müssen, so verschreckt sind, daß sie nur noch mit „ja", „nein" und „vielleicht" antworten, und die Schwerfälligen, die den richtigen Augenblick, mit der Unterhaltung zu beginnen, verpaßt haben, so daß ihnen einfach nicht mehr einfällt, wie sie sich aus ihrer Schweigemauer wieder herausarbeiten sollen: Gleich beim Hereinkommen kann man nämlich noch gut vom „herrlichen Wetter heute" reden – nach längerem Schweigen mittendrin wirkt es doch zu sehr als Notbehelf.

Mit manchen Leuten ist es auch ein wenig schwierig, ins Gespräch zu kommen, weil sie es nicht fertigbringen, unbedeutende Worte über ihre Lippen zu bringen. Unsere harmlosen Reden über Kinder, Wetter, Fernsehen und Tischschmuck lassen sie mit milder Verachtung an sich abgleiten, um gleich darauf zu konstatieren, daß die moderne Wohlstandsgesellschaft der Totengräber der abendländischen Kultur sei; welch kühne Behauptung gewiß nicht jedermann zu einer interessanten Diskussion einlädt, sondern auch unter Umständen einschüchtert oder verstimmt. Nicht ganz selbstsichere Leute möchten für solche Tiefsinnigkeiten auch gar zu gern selber etwas Tiefsinniges bieten – und wem fällt das schon immer auf Kommando ein? Zuweilen gibt es eben auch in der mühseligsten Unterhaltung einen Lichtblick: Plötzlich stößt man auf etwas, was dem anderen am Herzen liegt, sei es die Hundesperre bei Tollwut, sei es die Tanzstunde für Ehepaare, die Ganzwortmethode, die richtige Art, Kaffee zu kochen, oder die Erziehungsmethoden im englischen Königshaus – der bisher so mühsame Partner fängt an aufzuleben, und im Nu beginnt der bisher so dünne Redefluß lebhaft anzuschwellen. Man ist unter Umständen so erleichtert, daß man sich zu völlig neuen Ansichten über die Ganzwortmethode oder das englische Königshaus bekennt, damit nur ja der Strom nicht wieder versiegt.

Gemeinsame Sympathien und – mehr noch – gemeinsame Antipathien können die Konversation außerordentlich beleben. Ich erinnere mich an ein sehr befriedigendes Gespräch mit einer mir bis dahin nahezu fremden Dame über eine prominente Person, die sowohl ihr Mann als auch meiner in völlig unverständlicher Weise bewunderten, obwohl doch klar auf der Hand lag, daß es sich hier wirklich um eine gräßliche, manirierte Ziege handelte. Natürlich hatten wir uns auch beide hin und wieder mit eben jener Prominenten unterhalten. Man unterhält sich nämlich nicht immer schlecht mit Leuten, die man nicht ausstehen kann. Entweder gibt es eine zuckersüße, fabelhaft höfliche Konversation, oder man wird aufgrund seiner Antipathie durch jedes Wort zum Widerspruch gereizt. Beides ist eigentlich nicht langweilig, vor allem, wenn es einem dabei gelingt, auch einmal diese oder jene kleine Bosheit zu plazieren. Und solche Bosheiten fallen einem im Gespräch mit solchen Personen auch immer ein!

Mit nur ganz wenigen Leuten geht es überhaupt nicht – was man auch immer sagt: Es schlägt keine Funken. Und dann kommt jener Augenblick, wo man feststellen muß, daß, wenn man erst beginnt, darüber nachzudenken, was man denn um Himmels willen sagen könnte, alle Gedanken weggeblasen sind. Der Kopf ist auf die merkwürdigste Art total leer. Aus dieser Leere entstehen dann zuweilen die schönsten Taktlosigkeiten. Man denke nur an jenen Jüngling, der, zum Gänsebraten eingeladen, bei Tisch fröhlich mit den Worten die Stille brach: „Ich sitze direkt neben der Gans!“ Auf den etwas indignierten Blick der neben ihm sitzenden Dame verbesserte er sich rasch: „Ich meine natürlich die gebratene!“

Jedes Fest kann ein Abenteuer sein

Zum erstenmal richtig eingeladen war ich anläßlich einer Verlobung. Es war eine Verlobung alten, großen Stils mit prachtvollen Menüs, weithergereisten Verwandten, zu denen auch ich zählte, wertvollen Geschenken und einem großen Ball bei Kerzenlicht. Leider hatte ich von allem nicht sehr viel, da ich das Fest in einem abgelegenen Raum in einem großen Wäschekorb verbrachte. Eingeladen hatte man mich eigentlich auch nicht meiner angenehmen Persönlichkeit wegen, sondern weil ich ernährungstechnisch noch von meiner Mutter abhängig war.

Bei meinem nächsten Fest avancierte ich schon vom Wäschekorb zu einem weißen Voilekleid mit rosa Kränzchen und zu Wäscheklammern. Letztere mußte ich mit einem passenden Gedicht der Braut überreichen. Es handelte sich übrigens um eine andere Braut, denn die erste Verlobung war auseinandergegangen, weil die Braut dem Bräutigam eines Tages den Verlobungsring vor die Füße geworfen hatte. Sie war sehr temperamentvoll und hatte es eigentlich nicht so gemeint. Aber er fand, daß das zu weit ginge. Für ihn stellte sich außer der Entlobung das Problem, ob der Mann von Welt in einem solchen Fall den Ring aufhebt oder über ihn hinwegschreitet.

Mein erstes richtiges Fest, bei dem ich gewissermaßen als vollwertiger Gast, der bis zum Schluß nicht ins Bett geschickt wurde, auftrat, war ein Karnevalshausball bei einer Schulfreundin. Diese Schulfreundin hatte das, was uns andern noch in jenem Alter mangelte: eine Fülle von Verehrern, die sie großzügig zur Verfügung stellte. Es war infolgedessen ein sehr eindrucksvolles Fest mit einem historischen Ereignis: meine allerbeste Freundin und ich bekamen unseren ersten Kuß. Durch einen unglücklichen Zufall geriet übrigens Bier in die kalte Ente, die dadurch einen sehr merkwürdigen Geschmack bekam. Aber niemandem wäre es auch nur im Traum eingefallen, das kostbare Getränk, worin sich eine wirkliche erwachsene Flasche Sekt (außer Sprudelwasser) befand, wegzugießen. Seitdem habe ich noch viele Feste gefeiert, aber trotz der pikanten Bier-Kalte-Ente-Mischung habe ich längst nicht alle in so strahlender Erinnerung behalten wie dieses.

Einige waren sogar ganz schrecklich. Eines zum Beispiel war so unbeschreiblich steif und vornehm, daß es mich geradezu erdrückte. Die Gastgeber hatten es offensichtlich darauf angelegt, ihre harmlosen jungen Gäste einzuschüchtern, was ihnen mit Hilfe von Kaviar, weißbehandschuhten Dienern und einer Fülle von rätselhaften Bestekken auch fabelhaft gelang. Wir benahmen uns alle so gepflegt wie auf einem Begräbnis erster Klasse und wurden nur von dem einen brennenden Problem geplagt, wann es einem in so erlauchtem Kreise frühestens gestattet ist, sich zu verabschieden.

Ein anderes Mal versank eine gutgemeinte Fete mit Hilfe eines entsetzlichen Vorwährungsreformfusels in Tränen und Melancholie. Der Hausherr beweinte sein verpfuschtes Leben; ein weiblicher Gast wollte unbedingt aus dem Fenster springen; ein Jüngling spielte, umgeben von düster Lauschenden, mehrmals einen Chopinschen Walzer oder was er darunter verstand; auf der Treppe hockte eine Gruppe, für die der Untergang aller menschlichen Werte nur noch eine Frage von Monaten war – und ich trug zum erstenmal ein mühevoll schwarzgehandeltes neues Kleid, und keiner hatte es bemerkt. Andere Feste gerieten völlig ohne jeden Grund daneben. Man hatte entsetzliches Mitleid mit den Gastgebern, die die Mühe eines Festes auf sich genommen und alles trefflich arrangiert hatten: Möbel waren gerückt und Tanzmusik besorgt worden, es gab genug und das Richtige zu trinken und zu essen, nette Leute waren eingeladen – und trotzdem war und blieb die Stimmung flau. Ich bin leider immer nur ein Gast gewesen, der sich der augenblicklichen Stimmung anpassen konnte. Wie gerne hätte ich meinen lieben Gastgebern zuliebe manchmal die Fähigkeiten einer echten Stimmungskanone entfaltet! In diesem Zusammenhang muß ich auch ein Fest erwähnen, das eigentlich hervorragend geplant worden war: man hatte einige junge Ehepaare eingeladen, und, um das Ganze aufzumuntern, ein paar Junggesellen dazugebeten und für diese wieder ein paar junge Mädchen. Leider verlief der Abend jedoch folgendermaßen: die Junggesellen hockten bei einer Flasche Whisky zusammen und machten Politik, die Ehemänner kümmerten sich rührend um die jungen Mädchen, und ihre Frauen? Ja, denen blieb nichts anderes übrig, als Haltung zu bewahren, was meistens nicht sehr amüsant ist.

Trotz aller trüben Erfahrungen bin ich aber ein großer Freund vom Festefeiern, denn ich war auch auf vielen, vielen wirklich gelungenen Festen dabei – in Sommer- und Abendkleid, in Räuberzivil, Skihosen oder Karnevalskostüm. Auf manchen wurde besonders viel gelacht, auf anderen besessen getanzt, einmal haben wir bis früh um fünf, als die Morgenröte gleichzeitig mit einem erbosten Nachbarn erschien, gesungen, ein anderes Mal wurde schrecklich tiefsinnig geredet.

Und, wissen Sie, zwei herrliche Augenblicke machen jedes Fest zum Erlebnis: der, in dem man sich nach einer durchtanzten Nacht die Schuhe auszieht, und der, in dem man bei Morgengrauen mit einem tiefen Seufzer endlich ins frischbezogene Bett sinken darf.

Wie feiern Sie eigentlich Silvester?

In der gleichen Weise, wie keiner daran zweifelt, daß Weihnachten ein Familienfest ist, glauben die meisten Leute, Silvester sei kein Familienfest. Diesen Glauben kann man aber höchstens ein paar Jahre lang hochhalten – eines Tages jedoch greift die Familie mit kleinen und großen, alten und jungen Händen nach einem, um einen zu gemeinsamen Silvesterfeiern zu beschlagnahmen. Nicht immer gelingt ihr das, immer aber gelingt es ihr, zu erreichen, daß man sich wenigstens mit schlechtem Gewissen woanders hinbegibt.

Mit den allerkleinsten Mitgliedern der Familie ist die Sache noch am unproblematischsten: Kann man das Baby nicht daheim lassen, wo es friedlich in das neue Jahr hineinschlummert, nun, so packt man es in Kinderwagen oder Tragetasche und parkt es am allerabgelegensten Ort des Gebäudes, in dem sich die Eltern fröhlich amüsieren. Schlimmstenfalls stößt es schrille Entsetzensschreie aus, wenn die allgemeine Knallerei anhebt, und muß ein bißchen getröstet werden, aber sonst meldet es gar keine Ansprüche auf Unterhaltung, Jubel, Trubel und Heiterkeit an. Nur ganz wenige Lebenswinter weiter meint zumeist in mißgeleiteter Vaterliebe der Papa, daß das nunmehr nicht mehr ganz Kleine doch um zwölf aus dem Bettchen geholt, ans Fenster getragen und in den Genuß von Feuerwerk, Glockenläuten und Elternneujahrsküssen gebracht werden muß. Kleine, müde, anschmiegsame Nachthemdenmätze haben etwas sehr zu Herzen Gehendes an sich. Sie ersetzen fast die Engelchen, die angeblich in der Neujahrsnacht umherschwirren. Aber im nächsten Jahr erhebt dann das Engelchen laut und vernehmlich dagegen Protest, wenn man es etwa durchschlafen lassen will. Von Jahr zu Jahr verspricht es sich herrlichere Silvesterfreuden mit Knallbonbons, fremden Onkeln und Tanten und unerhörten Mengen an Salzstangen, die unbewacht überall umherstehen. Bis zwölf Uhr aufbleiben kann man natürlich im zarten Alter von etwa vier noch nicht recht. Und so gibt es die bewährte Methode, die Kleinen erst mal „anschlafen“ zu lassen und dann um fünf vor zwölf zu wekken. Meist werden feierliche Versprechungen verlangt, daß man sie auch wahr und wahrhaftig ganz bestimmt weckt, auch wenn sie nicht wachwerden wollen. Es gibt nämlich den in Elternkreisen sehr verbreiteten üblen Trick, am nächsten Morgen scheinheilig zu behaupten, man habe sich so bemüht, Didi oder Binchen wachzubekommen, aber leider, leider sei einem das nicht gelungen.

Das Problem verschärft sich mit den Jahren. Silvester ins Bett? O nein! Und der kleine Augenblick, wo um zwölf das neue Jahr beginnt, reicht auch nicht mehr aus. Tapfer gähnen sich die Schulkinder bis zum Glockenschlag hin. Und unterhalten wollen sie sich auch. Ein tolles Programm – beginnend mit Scherzartikeln, Mützen und belegten Broten und endend mit Schwärmern und Kanonenschlägen – schleicht sich ein. Was machen die lieben Eltern, die hintenherum erfahren, daß ihre Sprößlinge ihnen zur Überraschung ein wahres Vermögen in pyrotechnischen Artikeln angelegt haben, wenn sie selbst eigentlich vorhatten, ein rauschendes Fest bei und mit anderen durchaus Erwachsenen zu feiern? Vielleicht werden sie ihren Sprößlingen klarmachen, daß es viel hübscher ist, das Feuerwerk am Neujahrsabend abzubrennen, wenn sonst keiner mehr eins hat. Vielleicht werden sie opferbereit in edler Elternliebe daheimbleiben – bei beiden Lösungen aber werden sie nicht recht glücklich sein.

In solch einem Fall können einsame Tanten und Onkel, Omas und Opas von unschätzbarem Wert sein, die der gute Geist einer Party von Kindern aushäusiger Eltern sein wollen. Wundervolle Feste mit Strömen von Apfelsaft mit Brause, mit Berlinern und Würstchen, mit Monopolischlachten und Versteck im Dunkeln haben auf diese Art schon stattgefunden. Der Gipfel besteht meist in einem gemeinsamen Matratzenlager. Und wenn man auch wußte, daß die gute Tante Tilly eine Heidenangst vor Raketen, Kanonenschlägen und Flitzern hat, so war man doch sicher, daß sie ganz bestimmt im Bedarfsfalle die Feuerwehr alarmieren würde. Aber heutzutage steht selbst allen Omas und Opas, allen guten Onkeln und Tanten selten der Sinn nach Silvesterkindergesellschaften. Sie sind im allgemeinen – und das muß hier einmal von den Eltern festgehalten werden! – selbst viel zu vergnügungssüchtig.

Ganz plötzlich ist dann nach langen Jahren der Opferbereitschaft, des heimlichen Davonschleichens, schlechten Gewissens und der schwierigen Manipulationen der Augenblick da, wo die lieben Kleinen selber zu überlegen beginnen, wie schön sie irgendwo Silvester feiern könnten, wenn bloß die armen, alten, einsamen Eltern nicht wären! Und rührend, wie sie sind, geben sie sich die größte Mühe, dem Feuerwerk, das der Vater mit seinem kindlichen Gemüt veranstaltet, die richtige Begeisterung entgegenzubringen – wenn sie jetzt nicht schon ihrerseits den wohlbekannten Vorschlag machen, die pyrotechnische Vorstellung und den Neujahrstag zu verschieben. Und wenn sie gar gestehen, daß sie eigentlich lieber woanders hin auf eine Kellerparty gingen, kommen sie sich vor wie Rabenkinder. So vererbt sich diese Art von schlechtem Gewissen von Generation zu Generation fort – ein Gefühl, das übrigens noch Fünfzigjährige kennen, deren Eltern längst siebzig oder achtzig sind. Sie sind ganz erleichtert, wenn bei dem obligaten Silvesteranruf die Stimme des greisen Mütterleins oder Väterchens nicht pikiert klingt.

Aber natürlich ist Silvester eigentlich überhaupt kein Familienfest!

Wieder ein Jahr älter!

Ich freu-he mich, daß ich geboren bin, und hab Gebuhurtstag heut...“, so sangen wir früher und meinten auch genau das, was wir sangen. Geburtstag zu haben war das Allerbeste: Man bekam Geschenke, hatte aufgabenfrei in der Schule, durfte sich ein Lied wünschen, wurde nach dem Motto behandelt: Das Geburtstagskind kommt zuerst! und durfte ein richtiges Fest veranstalten.

Leider begann allerdings dabei gleich der erste Ärger: Zunächst einmal durfte man Sprößlinge von Freunden der Eltern, Kusinen oder andere unerwünschte Kinder, die einen im gleichen Jahr auch eingeladen hatten, nicht übergehen. Dann gewann man nicht die grüne Taschenlampe, mit der man fest gerechnet hatte, oder die anderen wollten nicht „Hänschen, piep mal!“, sondern „Mutter, Mutter, darf ich?“ spielen. Und zum Schluß endete das ganze Fest viel zu früh, weil plötzlich abholende Eltern drohend in der Tür standen und auch die eigene Mutter einem in den Rücken fiel, indem sie nur ganz lahm darum bat, daß alle noch ein bißchen weiter dableiben dürften.

Aber trotz dieser Beeinträchtigungen war Geburtstag zu haben das Allergrößte – zumal, weil nichts an der Tatsache rütteln konnte, daß man wieder ein Jahr älter geworden war und unaufhaltsam der ersehnten Schuhgröße 42 entgegenwuchs, die der große Bruder der besten Freundin doch schon mit zwölf Jahren erreicht hatte.

Auf das Erreichen dieser Schuhgröße hat man inzwischen längst weise verzichtet, und das Älterwerden ist das geworden, was man an Geburtstagen jetzt am allerwenigsten schätzt, seit der Familienchor vor Jahren das schöne und sehr passende Lied „Schier dreißig Jahre bist du alt..." anstimmte. Aus diesem Grunde werden manche Leute mehrfach neunundzwanzig, und in späteren Jahren erzielen sie erstaunlich geringe Endergebnisse. Leider gerät dann zuweilen die ganze Biografie durcheinander, so daß man an bestimmten Ereignissen nachrechnen kann, daß sie etwa mit neun Monaten zur Schule gekommen sind, im Alter zwischen zehn und siebzehn im Beruf standen (in einem Beruf mit langer Ausbildung selbstverständlich) und mit achtzehn schon Mutter von drei Kindern waren. Manchmal liest man in den Klatschspalten der Illustrierten, daß man Leute, die früher einmal mit einem gleichaltrig waren, inzwischen durch irgendein Wunder weit überrundet hat. Das aller-allererste Zeichen herannahenden Alters ist übrigens dies: Wenn einen am Geburtstag keiner mehr fragt, wie alt man denn geworden ist – wenigstens keiner, der einen nicht sehr gut kennt. Dies beginnt schon gegen Ende der zwanziger Jahre...

Aber älter oder nicht älter – was wird nun aus dem Geburtstag? Es gibt Leute, die hören von einem bestimmten Zeitpunkt an auf, diesen wichtigen Tag zu begehen. Ich stelle es mir ziemlich trostlos vor, den ganzen langen Tag herumzulaufen, ohne daß sich irgend etwas ereignet. Keine morgendlichen Glückwünsche, keine Blumen, keine Geschenke, keine Anrufe von Leuten, von denen man sonst selten etwas hört, kein „Prost" im Büro, keine hübsche Post und auch noch nicht einmal die Andeutung einer Party. Es muß ja nicht alles sein, aber so ganz und gar nichts? Und unter Umständen sogar noch das Gefühl, daß es keinen Menschen gibt, der überhaupt weiß, was der dritte November oder der vierte August für ein hochwichtiger Tag ist, denn so ganz wird man das Gefühl aus der Kinderzeit, daß dieser Tag wirklich nicht einer wie jeder andere ist, nie los.

Wenn man ein geselliger Mensch ist, gibt man also eine Party. Manchmal kommt auch noch ein Geburtstagskaffee dazu, was den unschätzbaren Vorteil hat, daß man die Gäste gewissermaßen in zwei Parteien genießen kann, denn immer noch ist das alte Problem aus Kinderzeiten geblieben, daß es Leute gibt, die man einladen will, aber nicht einladen kann, weil sie einen auch nicht einladen, und Leute, die man einladen muß, weil sie einen auch einladen und auch sonst geehrt werden müssen, und Leute, die man sowohl einladen kann als auch will. Manche Leute, vor allem aus den reiferen Jahrgängen, fahren auch weg, um, wie sie sagen, dem ganzen Trubel zu entgehen. Damit enttäuschen sie dann häufig die Leute schwer, die sie hätten einladen müssen. Denn etwa ab fünfzig erwartet man von jedem Geburtstag mit einer Null am Ende, daß die Betroffenen ihn rauschend feiern, und ab fünfundsechzig erwartet man auch, daß die Fünf am Ende jedesmal Anlaß zu größeren Feiern gibt. Ab achtzig etwa übernehmen dann nach allgemeinem Brauch die nächsten Angehörigen in absteigender Linie die Ausstattung des Festes, während das Geburtstagskind nur noch die Aufgabe hat, möglichst gesund und munter zu sein. Wie in vielen Dingen des Lebens tritt hier die Idealregelung meist viel zu spät ein, um sie noch so ganz richtig genießen zu können.

Einen Geburtstag mit zwei Nullen habe ich übrigens auch einmal mitgefeiert. Da tat das Geburtstagskind – klein, energisch, ein wenig schwerhörig und in leuchtendes Violett gekleidet – den nachdenklichen Ausspruch: „Dies ist ja alles wunderschön, aber als ich das noch selbst arrangiert habe, da wurde doch immer bis morgens durchgetanzt ...“

Immer Ärger mit dem Telefon!

Manchmal muß man sich streng ins Gedächtnis zurückrufen, wie noch im vorigen Jahrhundert eine eilige Botschaft von einem Ort zum anderen befördert werden mußte: Entweder man machte sich selbst auf die Beine oder schickte jemanden los, oder man selbst beziehungsweise der Jemand bestieg ein Pferd, einen Wagen oder ein Schiff und wurde so mitsamt der Botschaft ans Ziel befördert. Dies also sollte man sich immer dann vergegenwärtigen, wenn man gerade wieder einmal den unwiderstehlichen Drang verspürt, sein Telefon an die Wand zu werfen. Das kann etwa passieren, wenn man ganz brandeilig gerade zu einer bestimmten Zeit eine Leitung benutzen will, die offenbar auch andere Leute im Sinne haben. Es gelingt einem noch nicht einmal, die halbe Vorwahlnummer zu Ende zu wählen – schon tutet das Besetztzeichen. Einmal, zweimal – oder siebenmal läßt man's sich gefallen, aber dann wird man unruhig. Man versucht, die Technik zu überlisten, indem man besonders schnell (damit sie erst gar keine Zeit zum Tuten findet) oder besonders langsam (damit man ihr eine faire Chance gibt) wählt; man macht hinter der dritten Zahl eine Pause in dem sicher technisch nicht fundierten Glauben, bis hierher bist du schon einmal gekommen; oder man räumt den anderen Leitungs-Teilnehmern eine Frist ein, in der sie doch alle fertig geworden sein könnten – nichts hilft, das Besetztzeichen zeigt bewundernswerte Ausdauer.

Dies alles muß geduldig und wortlos ertragen werden. Richtig erbittern kann man sich aber, wenn man es nicht nur mit der seelenlosen Technik, sondern mit einer von Menschen besetzten Zentrale zu tun hat. Sehr oft erreicht man eine solche Zentrale auch nicht immer gleich. Stadtverwaltungen etwa, Arbeitsämter oder Krankenkassen sind vielgefragte Institutionen, so daß man häufig ganz glücklich ist, wenn man wenigstens schon die Zentrale an der Strippe hat. Aber dann beginnt der Leidensweg oft erst richtig. Da gibt es beispielsweise jene brandeiligen Damen, von denen man nie begreift, ob sie überhaupt verstanden haben, was man will. Mitten in der Erklärung macht es „klick", und weg ist sie. Dann geschieht häufig gar nichts. Man grübelt nach: Ist der Betreffende etwa nicht da? Ist die Verbindung zusammengebrochen? Wartet man, bis die Leitung frei wird? Nach einiger Zeit hängt man auf und startet neu. Schließlich ist wieder einmal die Zentrale frei. Man sagt: „Ich habe eben schon einmal versucht, Herrn Dr. X...", da macht es „klick", und der Zustand von vorhin ist wieder erreicht. Dies Spiel kann beliebig oft wiederholt werden, und das einzige Mittel dagegen besteht darin, daß man den Namen des Gewünschten so lange geheimhält, bis man alles andere gesagt hat. So gelingt es einem vielleicht, die tiefsinnige Auskunft zu erhalten: „Ja, wenn er sich nicht meldet, dann ist er vielleicht gar nicht da..."

Noch schwieriger wird die Sache, wenn man zwar weiß, warum, aber nicht, mit wem man telefonieren will. Der Ascheimer etwa ist zu klein, und man telefoniert mit der Stadt, das heißt mit ihrer Telefonzentrale, die einen abwechselnd mit dem Ortsamt, der Bezirksverwaltung, der Straßenreinigung und den Herren Meyer, Grün und Schmitz verbindet, die sich während des Gesprächs wieder als die schon gehabten Repräsentanten der eben angelaufenen Stelle entpuppen. Man sollte in dem Zusammenhang wirklich einmal in größeren Betrieben einen Kursus in der schwierigen Kunst, ein Gespräch zur Zentrale zurückzulegen, durchführen. Diese Kunst wird offenbar von kaum einem Menschen perfekt beherrscht, so daß man entweder immer beim gleichen freundlichen Vertreter des Veterinäramtes landet oder offensichtlich unlösbar mit dem Herrn Grün von der Straßenreinigung verbunden bleibt oder auch im absoluten Nichts endet. So wachsen die Telefonspesen des Ascheimers ganz beträchtlich.

Wahrhaft dankbar ist man, wenn man auf eine menschlich fühlende Persönlichkeit in einer Zentrale stößt, die sich zuweilen nach dem Ergehen der von ihr vermittelten Teilnehmer erkundigt und Zwischenbescheide erteilt, aus denen hervorgeht, ob längeres Warten überhaupt opportun ist. Ja, die sogar unter Umständen nachforscht, ob der Betreffende in einem anderen Raum anzutreffen ist oder ob es einen anderen Menschen gibt, der vielleicht über den Verbleib des Gesuchten Auskunft geben könnte. Wie wahrer Hohn mutet es einen aber an, wenn in die nur durch geheimnisvolles Knacken unterbrochene eindrucksvoll lange Stille plötzlich die Frage an unser Ohr dringt: „Sprechen Sie noch?“ Dabei hat man schon in der endlosen Wartezeit auf der ganzen ersten Seite des Telefonbuches alle großen Buchstaben sorgfältig mit dem Kugelschreiber ausgefüllt. In solchen Momenten ist es ratsam, sich energisch daran zu erinnern, daß der reitende Bote vielleicht auch noch nicht angekommen wäre!

Das hab' ich unterwegs gelernt!

Seit neuestem weiß ich etwas, was ganz sicher kaum jemand weiß: vor dreihundertfünfzig Jahren wurde in Gütersloh der Gregorianische Kalender eingeführt. Papst Gregor, ein kluger Mann – wurde ich belehrt –, rechnete und rechnete und rechnete, und dann hatte er's 'raus. Dies lernte ich auf dem Wege zur chemischen Reinigung so ganz nebenbei, denn mein Autoradio lief wie fast immer, wenn ich allein fahre, und spendete nicht nur musikalische Genüsse, sondern auch Erbauung und Belehrung. Am Tage davor wurde ich auf der gleichen Strecke mit der Forderung vertraut gemacht, daß es nunmehr wegen der unerhörten ausländischen Konkurrenz darum gehe, auf neuen Wegen zum Schwein von großer Wuchsfreudigkeit zu gelangen, wozu allerdings die problemlose Sau eine wesentliche Vorbedingung sei. Und sollten Sie sich einmal Gedanken über die Rückkehr zur Futterrübe machen – auch dazu könnte ich jetzt Wesentliches beitragen, obwohl mir bis zum diesbetreffenden Landfunk noch nie die offensichtlich vorangegangene Abkehr von der Futterrübe aufgefallen war.

Wie Sie sehen, gehöre ich zu jener Hälfte der Autoradiohörer, die nicht ständig an den Knöpfen drehen, um immer noch bessere Musik zu bekommen, sondern geduldig und vollständig beim einmal klar hereinbekommenen Sender bleiben. Da weiß man, was man hat, während andere Leute zwar unter Umständen zwar immer noch bessere Sachen, aber auch sehr entnervende Fauch-, Pfeif- und Kratzgeräusche zu Ohren bekommen, die zuweilen zu echten Verbitterungen zwischen Fahrer und Beifahrer führen können. Auch wird meine Stetigkeit – wie oben gesagt – sichtlich belohnt, indem man aus allen Bereichen menschlichen Daseins etwas dazulernt. Bedenken Sie allein den Schulfunk mit allen seinen Möglichkeiten! Neulich beispielsweise hörte ich Mozart mit Haydn, Frau Mozart und Schwiegermutter bei der Entstehung von Kammermusik zu, die dann auch gleich fehlerlos vom Blatt gespielt wurde. Und als Archimedes das mit Recht so benannte Archimedische Prinzip erfand, war ich gerade als Hörer anwesend und habe zum erstenmal die Sache genau begriffen. Auch während der Entdeckung des Penizillins durch Alexander Fleming konnte ich den großen Mann belauschen. Aber leider schweift man wie in der Schule auch zuweilen mit den Gedanken ab, so daß einem unter Umständen wesentliche Hinweise für den nach der Schulentlassung zu ergreifenden Beruf entgehen und die mineralogische Beschaffenheit des Kaukasus unbeachtet vorübergleitet.

Und dann gibt es natürlich die Musik. Fremdartig klingende Elektronenmusik mit den erklärenden Bemerkungen des ins Studio geeilten Komponisten, „Glühwürmchen, Glühwürmchen ..." mit schönen Grüßen an die Omi von Peterle und seiner Mami, den Gersberger Alpenchor unter der Leitung seines Begründers und jede Menge Schlager, interpretiert von jungen und alten Stars, die sich außerdem noch gern mit dem jeweiligen Diskjockey unterhalten und oft nicht besser daherreden, als sie singen. Dies reißt dann häufig den Autoradiohörer, der sich sowieso gerade mißmutig in einer Schlange eingekeilt befindet, zu laut geäußerten Beleidigungen der Dame hin, die etwa gerade nächtlich mit den Flamingos dahinfliegen will. Übrigens ein höchst ungewöhnliches Verhalten dieser Tiere! Ist aber der Autofahrer besonders guter Laune, so hat er Gelegenheit, bei kunstvoll gesungenem, aber wohlbekanntem Liedgut miteinzustimmen, wobei er besonders die „Tirallala"- oder „Heidiheidoheida"-Refrains bevorzugt, weil da keine Textschwierigkeiten auftreten können. Nur ist es ärgerlich, wenn der Satz für 6stimmigen Männerchor so künstlerisch gestaltet ist, das man unweigerlich aus dem Takt gerät.

Hat man sich gerade selbst bemitleidet, daß man bei zauberhaftem Wetter in der Stadt herumkurven muß, um ganz bestimmte Schrauben für die Gartenpforte zu suchen, so kann einen der Straßenzustandsbericht insofern trösten, als eine sieben Kilometer lange Stauung auf der gen Süden führenden Autobahn ohne das eigene Fahrzeug um wenige Meter kürzer ist. Sehr nachdenklich stimmt einen dann die Meldung, daß Lotte und Karl-Heinz Schubert, die mit dem blauen Opel-Kadett KH–EF 205 wahrscheinlich in Richtung Jugoslawien unterwegs sind, unbedingt bei Walther Esser anrufen sollen. Es ist richtig quälend, daß man in diesem wie auch in allen anderen Fällen nie erfährt, warum.

Als ich aber neulich in ein so schönes Hörspiel geriet, daß ich es vor der Post zu Ende hören wollte, klopfte ein besorgter Polizist an meine Tür und fragte, ob mir etwas fehle.

Von A–Z gebildet

Ich erinnere mich an einen sehr alten Film, in dem ein schlichtes Mädchen vom Lande unsterblich in den Herrn Grafen verliebt war, in dessen Schloß sie Stubenmädchendienste tat. An Schönheit und Charme war sie natürlich ausreichend ebenbürtig, finanziell war die Sache indes hoffnungslos. Um seiner wenigstens auf dem Gebiete der Bildung würdig zu werden, stand das rührende Wesen allnächtlich auf und versuchte, das gräfliche Lexikon durchzustudieren. Als sie etwa bei D angelangt war, machte er Pleite, und der Ehe stand nichts mehr im Wege, obwohl sie doch noch nicht einmal viertelgebildet war. Allerdings muß man beim Studium des eigenen Lexikons zugeben, daß jemand, der bis D Bescheid weiß, schon allerlei im Kopfe haben muß. Schließlich ist allein schon ein nacktes A nicht nur der erste Buchstabe in allen vom phönizischen abgeleiteten Alphabeten (siehe diese), sondern obendrein auch: die sechste Stufe der C-Dur-Tonleiter; die Abkürzung für die römischen Vornamen Aulus und Augustus; eine Handelsklasse; auf Münzen die erste Prägstätte des Landes; und schließlich noch die Abkürzung für Ampère (siehe dieses).

Ein Lexikon im Hause zu haben ist immer von Nutzen, obwohl es in manchen Haushalten mehr als Zimmerschmuck denn als Gebrauchsgegenstand dient. Schlägt man es aber einmal aus diesem oder jenem Grunde auf, so ist man – wenn man nicht ungeheuer diszipliniert ist – bereits verloren. Wer könnte schon weiterblättern, ohne freigelegte Bronchialverzweigungen in Farbe zu betrachten oder aus den wichtigsten Bodentypen der Erde (Steppenschwarzerde, kastanienfarbener Boden u.a.m.) die Beschaffenheit des eigenen Gartens herauszufinden, wobei man dann die Überraschung erleben kann, daß es diesen Gartenboden eigentlich nur in Mittelasien gibt. Wenn man historisch interessiert ist, ertappt man sich gelegentlich dabei, mit tiefem Vergnügen die genaue Aufstellung aller englischen, deutschen, portugiesischen und flämischen Heinriche (von den bayrischen, thüringischen, preußischen und den geistlichen oder minnesingenden ganz zu schweigen) zu studieren und sich zu freuen, wenn man darunter den einen oder anderen schon bekannten antrifft. Den nie überlegten Unterschied zwischen heißen und hieven findet man ein paar Seiten hinter dem letzten Heinrich (Heinrich von Zütphen) sehr aufschlußreich dargestellt; um aber zu ergründen, was ein Helfer in Steuersachen ist, muß man in Band sechs unter Steuerbevollmächtigter nachschauen.

In früheren Funktionen übernahm das Lexikon bei wißbegierigen Kindern und Halbwüchsigen weitgehend die Aufgaben des heutigen Sexualkundeunterrichts. Man arbeitete sich über Mann, Frau, Befruchtung, Beiwohnung, Blutschande und Defloration zur Anatomie durch – verschiedenen „siehe" war nachzugehen – und gewann schließlich ein umfassendes Bild des Themas ganz in druckreifen Ausdrücken. Bei diesem Studium wurde mir auch klar, daß eine Gebärmutter nicht das gleiche ist wie eine Hebamme, was ich bis dahin immer geglaubt hatte. Da es sich bei dem ganzen Themenkreis um die selbständige Erarbeitung biologischer, zoologischer, medizinischer, soziologischer und strafrechtlicher Tatbestände handelte, ist es sicher ein Jammer, daß diese Forschungsarbeit bei den heutigen Jugendlichen nicht mehr erforderlich ist. Hingegen wird von ihnen das Lexikon gern herangezogen, wenn sie erst einmal darauf gekommen sind, daß man hier in ein paar Zeilen etwas gedruckt findet, das in den Schulbüchern mehrere Seiten einnimmt.

Sehr gern wird auch das Lexikon als Schiedsrichter in allerlei Streitfragen herangezogen. Wenn man sich nicht einig werden kann, wieviel Einwohner Augsburg hat, wie alt Kaiser Wilhelm geworden ist, wer der Erfinder des Telefons war und ob es sich bei Saloniki um die gleiche Stadt wie bei Thessaloniki handelt, so wird spätestens nach Abschluß der Wetten das Lexikon herangezogen, das auch beim Scrabble darüber zu entscheiden hat, ob es einen Zebrahai oder eine Wurmschnecke überhaupt gibt. Falls Sie übrigens etwas unter „Wurm" nachschauen wollen, so werden Sie durch den Pfeil, der „siehe" bedeutet, auf „Würmer" verwiesen, wie überhaupt diese Pfeile einen zuweilen ganz schön hin und her jagen können: Dauernd soll man etwas „sehen", was sich mit Vorliebe in einem anderen Band befindet.

Kein Wunder, daß das Mädchen vom Lande (siehe oben) es schon bei D vorzog, eine nur viertelgebildete Frau Gräfin zu werden.

Von Büchern, die verschwinden

„Wer ist eigentlich Waltraud?" wurde ich neulich von meiner jüngsten Tochter gefragt. Nun fiel mir selbst bei heftigem Nachdenken keine Waltraud ein, und auch das Auf-die-Sprünge-Helfen: „Das liebe Enkelkind von Großmutti und Großvati ...?" öffnete keine Schublade in meinem Gedächtnis. Weitere Nachfragen brachten ein Buch mit der Widmung „Unserem lieben Enkelkind Waltraud von Großmutti und Großvati" zutage, das in einer vergessenen Bücherkiste geruht hatte und nun hervorgekramt und gelesen worden war. Da fiel es mir auch wieder ein: Mit Waltraud bin ich zur Schule gegangen. Sie hatte zwei Zöpfe, trug immer ein rotkariertes Kleid mit schwarzem Lackgürtel, hatte einen Wintermantel aus echtem Kaninchenfell (Edelkanin!), eine Zahnspange und alle Bände von „Nesthäkchen", „Pucki", „Gisel und Ursel" und anderen schönen Büchern, die sich meine Eltern strikt zu kaufen weigerten. Zu denken, daß der armen Waltraud seit Jahrzehnten der Band „Nesthäkchen fliegt aus dem Nest" gefehlt hat, weil ich es offenbar versäumte, ihn zurückzugeben, erfüllt mich mit echter Reue! Ich weiß auch gar nicht, wie das geschehen konnte, denn als Kinder kannten wir in dieser Beziehung keine feine Zurückhaltung. Wer Bücher geliehen hatte, mußte damit rechnen, ganz schamlos, direkt und ohne Unterlaß gemahnt zu werden. Auch war es durchaus üblich, die zurückgegebenen Bücher schonungslos in Gegenwart des Entleihers und eines sonstigen Publikums auf ihren Zustand hin zu untersuchen und etwaige Eselsohren, Fettflecken und angestoßene Ekken streng zu rügen. Natürlich waren immer die kleinen Geschwister oder Kusinen für alles verantwortlich, aber entsetzlich peinlich war es doch.

Jetzt, als erwachsene Menschen, sind wir von feiner Zurückhaltung: Wir mahnen sehr ungern Bücher an, und wenn wir sie in ramponiertem Zustand wiederbekommen, entringen wir uns zumeist ein gequältes „Das macht doch nichts!“ oder übersehen, daß jemand offensichtlich das Buch aufgeschlagen mit dem Rükken nach oben in die Sonne gelegt hat, was, wie jeder Bücherfreund weiß, das allerschlimmste ist, was man Büchern antun kann. Die böseste Folge unserer feinen Zurückhaltung aber ist die: Häufig vergessen wir nach einiger Zeit, daß wir dieses Buch verliehen haben, und wenn es uns wieder einfällt, wissen wir nicht mehr, an wen eigentlich. Bei manchen Büchern macht es ja nicht viel aus, manche hätte man aber doch sehr gern wieder. Zuweilen hält man in allen befreundeten Bücherregalen jahrelang diskret Umschau, und zuweilen verbittert man andere Leute, indem man sie aus Versehen nicht weniger als dreimal fragt, ob sie vielleicht „Dracula“ entliehen haben. Übrigens kauft man sich verliehene Bücher, auch wenn man sie nicht zurückbekommt, niemals neu. Vielleicht kommen sie eben doch wieder zum Vorschein. Einmal fand ich, als ich bei Freunden abends im Bett noch ein bißchen in den „Drei Musketieren“ schmökern wollte, groß und breit meinen Namen auf das Vorsatzblatt geschrieben! Es war noch mein Mädchenname.

Es gibt zwei Arten, Bücher zu entleihen: Die einen erblickt man und ruht nicht eher, bis man sie für längere oder kürzere Zeit einpacken darf, und die anderen bekommt man mit der Weisung: „Das mußt du unbedingt lesen!“ in den Arm gelegt. Bei der zweiten Gruppe sind die Leute manchmal selbst schuld daran, daß sie ihre Bücher nicht zurückbekommen. Man hat nicht die geringste Lust, sie zu lesen, und möchte sie ja auch aus Nettigkeit nicht ungelesen zurückgeben. Außerdem soll man sich gewiß auch noch darüber unterhalten! Wenn ich so meine Bücher betrachte, finde ich von dieser Sorte einige; ich habe sie immer noch nicht gelesen, aber ganz bald werde ich es bestimmt tun, und dann gehen sie auch zurück, was sicher für die Besitzer ein unvorhergesehenes Wiedersehen sein wird. Obwohl nämlich die schlechte Erfahrung mit nicht zurückbekommenen Büchern ganz allgemein ist, gibt es doch nur sehr wenige Leute, die den ordentlichen Vorsatz, jedes ausgeliehene Buch in ein dafür bestimmtes Merkheftchen zu schreiben, auch wirklich durchführen.

Daß so viele Bücher nie wieder auftauchen, hat seinen Grund: Selbst sonst ehrliche und anständige Menschen neigen dazu, Bücher, die sie seit längerer Zeit bei sich stehen haben, eines Tages zu adoptieren. Manchmal mit der Rechtfertigung, daß der eigentliche Eigentümer sie doch nicht kapiert oder nicht zu würdigen weiß, manchmal auch nur einfach so. Sie werden eingeordnet und einverleibt, und wenn dann wider Erwarten der rechtmäßige Besitzer sie doch noch zurückfordert, kann es ihm passieren, daß man ihm dies ehrlich übelnimmt, so als hätte er sich als geizig, gierig und taktlos zugleich erwiesen.

Ganz schlecht ist es übrigens um die allgemeine Moral bestellt, wenn es um Taschenbücher geht. Nicht nur, daß kaum ein Mensch daran denkt, sie je zurückzugeben – sie werden sogar ständig entliehen, ohne daß der Besitzer etwas davon ahnt. So kann es passieren, daß ein wirklich grundehrlicher Mensch, der ein Taschenbuch zurückgeben will, darin einen Namen geschrieben findet, den er nie im Leben gehört hat. Kein Wunder, daß er daraufhin beschließt, das Werk zu behalten – vor allem, wenn er an all die Lücken denkt, die in seinem Taschenbuchregal auf dem Flur klaffen.

Muß Schiller neben Goethe stehen?

Neulich las ich irgendwo, daß nach der Statistik jeder vierte oder fünfte Mensch – ganz genau weiß ich die Zahl nicht mehr, aber sie war ziemlich erschreckend – hierzulande kein einziges Buch besitzt. Ganz offensichtlich bin ich bisher immer nur den anderen drei oder vier Menschen begegnet, und die hatten immer weitaus mehr als nur eines. Selbst vierjährige Menschen meiner Bekanntschaft besitzen nicht nur ein stark zerlesenes Exemplar der „Fröhlichen Steinzeitkinder", sondern verschließen die Höhle im Spielzeugregal, in der der einarmige Affe Annemarie oder der böse Braunbär haust, mit „Hänschen im Blaubeerwald", während weniger geschätzte Werke modernster Richtung den stark beschädigten Boden des Puppenbettes versteifen.

Der erwachsene Mensch hat für seine Bücher nicht solch nützliche Funktionen. Lediglich das Lexikon dient bisweilen zum Beschweren frisch geklebter Gegenstände, und mindere Broschüren lassen sich unter das linke Hinterbein des Schreibtisches klemmen, das ein wenig zu kurz geraten ist. Sonst stehen die Bücher in Reih und Glied und warten auf Leser, die bei manchen bedauernswerten Ausgaben nie kommen. Da aber nach anderen Exemplaren doch gegriffen wird, da neue hinzukommen, und da bekanntlich außer einem selbst nie ein Mensch ein Buch dort wieder einstellt, wo er es hergenommen hat, kommt alle Jahre wieder der Augenblick, wo man die Bibliothek – und sei sie auch noch so bescheiden – von Grund auf ordnen muß. Allein schon deswegen, weil man den Anblick der vielen oben auf den anderen quer liegenden Bücher nicht mehr ertragen kann.

Das Ausräumen könnte schnell geschehen sein, läse man sich nicht beständig fest und gäbe es nicht soviel Staub abzuwischen. Komisch, die Bücherregale sahen doch eigentlich immer ganz gepflegt aus – und nun stößt man auf peinliche Staubwolken! Aber das Einräumen hat es in sich. Zuerst muß man sich für ein bestimmtes System entscheiden. Es gibt Leute, die zunächst einmal alle feinen Ausgaben mit Lederrücken und Goldschnitt aussortieren und zusammenstellen, was sicher seinen ästhetischen Reiz hat; andere bauen zuerst die gesammelten Werke auf, die immer so ordentlich aussehen, und dann das übrige; wieder andere ordnen nach der Literaturgeschichte, so daß, wie es sich gehört, Schiller neben Goethe steht, verbunden durch den Briefwechsel zwischen Schiller und Goethe; und Anhänger der alphabetischen Ordnung nach Verfassern gibt es auch. Durchgehend scheint nur der Hang aller Buchbesitzer zu sein, in souveräner Gleichgültigkeit gegen Inhalt, Zeit und Verfasser alle Taschenbücher zusammenzustellen.

Jede Methode hat ihre Schwierigkeiten, wie jedermann weiß. Geht man nach der Literaturgeschichte vor, kostet es etliches Nachdenken; Wer kommt hinter wem? Zumal manche Dichter über einen so riesigen Zeitraum gedichtet haben, daß sie glatt ein paar Zeitgenossen überrundeten. Als beispielsweise mehrere hoffnungsvolle junge Genies, die lange, lange nach ihm geboren waren, längst der grüne Rasen deckte, dichtete der alte Goethe immer noch, und darin glichen ihm etwa Thomas Mann und Gerhart Hauptmann. Und wie soll man es mit den Ausländern halten? Soll man etwa L. Tolstoj und Fedor Dostojewskij voneinander trennen und Balzac und Maupassant, bloß wegen des unterschiedlichen Geburtstages? Wo sie doch schon im Bücherschrank unserer Eltern nebeneinander standen! Natürlich müssen die Philosophen sowieso extra stehen, und die Politiker und Historiker auch. Schwierig wird die Sache nun, wenn Heidegger über Nietzsche schreibt, oder andere Philosophen über Politik. Wohin damit?

Dagegen hat die alphabetische Methode den Vorteil absoluter Eindeutigkeit. So denkt man wenigstens, ehe man sich näher in sie vertieft. Zunächst ergeben sich die befremdlichsten Nachbarschaften, während schmerzlicherweise Schiller von Goethe, Tolstoj von Dostojewskij durch Welten getrennt werden. Und dann merkt man, daß man von manchen Büchern den Namen des Verfassers nicht kennt, daß man also das Werk in der neuen Ordnung nie wiederfinden wird. Wer kann sich schon die Namen aller Schriftsteller merken, die über moderne Strategie oder über König Heinrich den Achten geschrieben haben? Welche Ordnung man auch immer anwendet – an einem Hindernis scheitern sie alle: an der verschiedenartigen Größe der Bücher. Bei uns etwa müssen die „Denkwürdigkeiten des Fürsten von Bülow“, „Der gepflegte Garten“, die Weltgeschichte, das Lexikon, das große Fotobuch „Die Alpen in Farben“ und „Albrecht Dürer“ einfach zusammenkommen, weil sie außer in dem Fach für Übergrößen nicht aufrecht stehen können. Und die winzigen, verspielten Lederausgaben stehen, aller geistigen Ordnung trotzend, zusammen auf meinem Schreibtisch.

Übrigens gibt es auch immer Bücher, die einfach in keine Ordnung hineinpassen und immer übrigbleiben: „Pflege und Aufzucht junger Hunde“ etwa, die wissenschaftliche Arbeit über Nierenerkrankungen, die unser bester Freund schrieb, oder das „Soldatenliederbuch“. Andere Werke, beispielsweise das Kuriosum „Kinder, was wißt ihr vom Führer?“ und der achte Band von Liliencrons gesammelten Werken, den einst unser Hund in seiner zarten Jugend studierte, haben schon seit Jahren ihren Stammplatz hinter den repräsentativen Bänden, wo sie gewiß auch beim nächsten Aufräumen trotz Alphabet und Sachgebieten bleiben werden.

Von Zeit zu Zeit muß man sich bilden

Manchmal kommt man auch in das Museum der Stadt, in der man wohnt – beispielsweise als Kind, wenn man mit der Schule hineingeht, oder aber später, wenn man Besuch bekommt, der schon daheim im Fremdenführer gelesen hat, daß bei uns der einzige frühe ich weiß nicht was in Öl hängt oder daß unsere Steinzeitkeramiken bemerkenswert sind. Es ist immer etwas genierlich, wenn sich bei der Gelegenheit herausstellt, daß man über die Öffnungszeiten nur höchst unklare Vorstellungen hat und daß man sich auf dem Weg zu den Steinzeitkeramiken in die naturwissenschaftliche Abteilung verirrt – sichere Indizien dafür, daß man höchst selten dort weilt. Zugereiste tragen offensichtlich den Glauben in sich, der Münchener verbrächte seine Tage im Haus der deutschen Kunst, der Bonner in Beethovens Geburtshaus und der Kulmbacher im Zinnsoldatenmuseum. Dabei ist natürlich das Gegenteil der Fall: Warum soll man in ein Museum gehen, in das man täglich zu gehen die beste Gelegenheit hat? Immerhin – geht man dann doch, um einen Gast zu ehren, ist man oft überrascht, was die nächste Umgebung alles zu bieten hat. Für Leute mit einem ganz berühmten Museum am Platze und vielen zu ehrenden Gästen kann die Angelegenheit allerdings auch zur Landplage werden: Das Haus, in dem der berühmte Mann seine Kindheit verbracht hat, kann ihnen schon lange nichts mehr bieten, und die Erklärungen des Fremdenführers können sie leise mitsingen. Ich weiß noch, wie dankbar uns dereinst Gastgeber waren, als sie erfuhren, daß wir uns die berühmten Fresken allein angesehen hatten.

In fremden Städten geht man natürlich ins Museum, weil man nie weiß, ob man je dort wieder hinkommt, weil man irgend etwas einfach gesehen haben muß, weil die Museen so schön kühl (oder warm) sind, weil man sich dort in Ruhe hinsetzen kann und dann eben überhaupt. Manchmal ist man wirklich ganz hingerissen. Manchmal aber kann man sich auch der Gedanken nicht erwehren, die etwa lauten: „Das war also die Mona Lisa! Eigentlich auch nicht anders, als sie auf Fotos aussieht. So ganz klar ist einem nicht, wieso das ein großes Erlebnis gewesen sein soll..." Vor ganz berühmten Gemälden pflegt übrigens eine Bank zu stehen, damit man sich in Ruhe in das Kunstwerk hineinversenken kann – nur vor den allerberühmtesten nicht, denn da müssen innerhalb kurzer Zeit zu viele Leute vorbeiziehen. Für Ordnung sorgen die Museumswärter, die in allen Museen der Welt eine gewisse Ähnlichkeit miteinander haben. Meist sitzen sie schweigend auf Stühlchen an irgendeiner Tür zwischen zwei Räumen, passen auf, daß niemand etwas anfaßt, daß Kinder sich nicht gegen die Gemälde schubsen und sich keiner auf den historischen Brokatsessel setzt. Außerdem bringen sie nahezu jeden auf den Gedanken, ob sich hier wohl etwas stehlen ließe. Bei näherer Betrachtung kommt man darauf, daß alles, was man wegnehmen könnte, zu groß ist, um es unauffällig wegzutragen. Also kann man, beruhigt um die Bestände, die Besichtigung fortsetzen. Manchmal kommt man auch mit den Museumswärtern ins Gespräch. Sie erzählen dann einem, wieviel Leute früher hierhergekommen sind, erklären mit erstaunlicher Sachkenntnis die besondere Frisur einer kulturhistorisch höchst wichtigen kleinen Bronzedame, die man sonst nicht weiter beachtet hätte, oder sie zeigen einem die Münze, durch deren kürzliche Auffindung man nun endlich den König Kaneshka genau datieren kann. Die Sorge ist man also los, obwohl sie einen bisher nicht allzusehr bedrückt hat, da man in ebendiesem Moment erst von der Existenz besagten Königs erfuhr. Manchmal zeigen sie einem auch Bilder und

Plastiken, die sich bei genauerem Hinsehen als sehr unanständig oder sinnenfroh (wie der einschlägige Ausdruck heißt) erweisen. Der geübte Museumsbesucher macht natürlich – nachdem er realisiert hat, um was es sich hier handelt – ein streng wissenschaftliches Gesicht. Allerdings ist er etwas skeptisch, wenn ihm dann erklärt wird, daß dies nicht das sein soll, was es ganz offensichtlich ist, sondern etwas Symbolisches.

Nahezu alle Museen dieser Welt kranken daran, daß sie zu groß und zu voll sind. Der noch frische Besucher „macht“ in den unteren Stockwerken alles sehr gründlich, während er die oberen im Geschwindschritt durcheilt und von einem ganzen Saal voll rot-schwarzer oder schwarzroter wundervoller klassischer Vasen eher abgeschreckt wird. Dabei haben ihn vielleicht Abbildungen mit einem Bildausschnitt aus einer Vase zu Hause mächtig beeindruckt. Auch ist eine einzige königliche Mumie bei weitem eindrucksvoller als ein ganzer Saal voll von diesen jetzt total wehrlosen Herrschaften.

Manchmal naht durch die Räume des Museums von fern her ein brausendes Geräusch: Hier wird gerade eine Schulklasse gebildet. Die lieben Kleinen schwirren durch Säle und Korridore, benutzen die hehren Räume zum Versteck- und Kriegenspielen und sind in ganz verschiedenem Grade an ganz verschiedenen Dingen interessiert. Auch wird ihr Sinn für Humor oft unerwartet angesprochen, so daß man sie ständig kichern und lachen hört. Zumeist schätzen sie am höchsten jene Modelle, wo man in Puppenstubengröße jene Bauten sehen kann, die in Wirklichkeit nur als riesengroße Trümmer zu besichtigen sind.

Es gibt Museen aller Arten und aller Interessenrichtungen. Einmal habe ich in einer kleinen dänischen Stadt eins besichtigt, wo jemand als Hauptattraktion das Original-Behandlungszimmer seines Urgroßvaters, der Zahnarzt gewesen war, zeigte. Natürlich kann man sich so etwas nicht entgehen lassen. Und falls Sie es noch nicht gemerkt haben – ich gehe leidenschaftlich gern ins Museum!

… und morgen wollen wir ins Weihnachtsmärchen!

Alle Jahre wieder beginnt man das Theaterprogramm zu studieren, um herauszufinden, welches Weihnachtsmärchen es denn diesmal wohl sein soll. Das ist gar nicht so einfach, denn die verschiedensten Gesichtspunkte wollen berücksichtigt sein. Neben Äußerlichkeiten, wie verkehrsgünstiger Lage des Theaters und dem garantierten Vorhandensein von samtenen Klappsesseln, muß natürlich der Inhalt des Stückes dem jeweiligen Alter angemessen sein. Außerdem müssen Kinder mit einer frühen Vorliebe für Monarchismus – vor allem also kleine Mädchen – zum mindesten mit einer zuckersüßen Prinzessin oder einem Prinzen mit Samtanzug und Schwanenpelzbesatz zufriedengestellt werden, weswegen also „Hänsel und Gretel“, „Hans im Glück“ oder „Tischlein deck dich!“ nicht immer die richtige Wahl sein können. Sonst gibt es übrigens fast immer ein gekröntes Haupt, denn wenn auch etwa „Schneeweißchen und Rosenrot“, „Goldmarie und Pechmarie“ und „Aschenputtel“ in eher spießigem Milieu beginnen, so laufen sie doch schließlich auf Prinzen oder wenigstens auf goldene Kleider hinaus.

Und dann darf es natürlich nicht zu grauslich sein. Der puppenfressende grünliche Mondmann beispielsweise geht über die Kraft manches tapferen Indianerhäuptlings oder sonstigen Vorgartenkriegers hinaus, und vor den entsetzlichen Hexen mußte sich schon mehr als eine junge Dame tarnen, indem sie kurz entschlossen mit dem Röckchen des allerbesten Smokkleides das Haupt verhüllte, ein Schutz, der den modernen kleinen Anhängerinnen der Hosenmode leider versagt ist. Vorsichtige Mütter versuchen solchen Schreckminuten zu entgehen, indem sie sich auf freundlichere Märchen beschränken. Hier allerdings können auch Überraschungen passieren: Begegnete uns doch vor Jahren eine höchst bösartige Hexe namens „Spinnetritt" in „Tischlein deck dich!", und bei „Allerleirauh" gab es einen sehr schlimmen Drachen, dem echtes Feuer aus der Nase kam. Manchmal sind übrigens die lieben Kleinen gar nicht so zart besaitet – habe ich doch einmal mit einem enttäuscht brüllenden Knaben das Theater verlassen, enttäuscht, weil Schneewittchens böse Stiefmutter am Schluß versprach, nun immer lieb zu sein, und deswegen nicht in den Schuhen zu tanzen brauchte, die wirkungsvoll rotglühend auf die Bühne getragen wurden.

Das Böse – sofern es nicht grausig ist – wird ausgesprochen geschätzt und gern gesehen. Es belebt die Handlung kolossal. Allerdings wird mit absonderlichen Maßstäben gemessen. Daß der böse König versucht, den lieben jungen Burschen auf üble Art umzubringen, wird zwar auch nicht gebilligt, daß er aber, als die Sache mißlingt, „extra" einen goldenen Teller zerschmeißt, das erfüllt noch nach Monaten den jungen Zuschauer mit bewunderndem Abscheu. Und auch das Sakrileg, Respektspersonen die Zunge herauszustecken, dessen sich die Bösewichter häufiger schuldig machen, überstrahlt bei weitem ihre sonstigen Verbrechen. Prinzen und Prinzessinnen, Helden und Heldinnen werden verehrt, selbst, wenn sie zu Anfang höchst ungezogen sind und erst durch schlimme Erlebnisse zu nützlichen Mitgliedern der menschlichen Gesellschaft heranreifen; geliebt aber werden jene Gestalten, die, wie der Chor in der griechischen Tragödie, die Handlung kommentieren. Das sind liebe Diener oder Zwerge oder Oberköche mit freundlichen Apfelbäckchen, die an der Rampe sitzen und mit den Kinderchen plaudern und noch nie so viele nette Kinderchen wie heute gesehen haben. Meist haben sie ein überaus komisches Auftrittswort,

„Schnubbeldibums" oder so, das noch monatelang unser Familienleben auf das witzigste bereichert, und zuweilen pflegen sie die Kinder um ihre Meinung zu befragen oder um Rat zu bitten. Die Entscheidung, ob zur Hochzeit der Prinzessin zwei oder zweihundert Töpfe Vanilleeis zubereitet werden sollen, fällen die Kinder meist richtig, aber als ein anderes Mal der gute Küchenjunge Zuckerleck die Kinderchen fragte, ob denn die junge arme Königin dem Rumpelstilzchen das Baby geben solle, riefen sie alle einstimmig „ja!". Offenbar ist in Kinderkreisen ein Versprechen immer noch eine überaus heilige Angelegenheit.

Weil es sich um ein Weihnachtsmärchen handelt, ist übrigens am Schluß immer Weihnachten. Das kommt manchmal etwas plötzlich: Die Prinzessin schauert zusammen vor Kälte und spricht: „Mir ist kalt, sicher ist der Sommer längst vorbei!" Und der Prinz meint: „Ich glaube fast, bald kommt die liebe Weihnachtszeit... Doch was seh' ich?" Was er sieht, ist, natürlich, der Weihnachtsmann mit Schlitten und Tannenbaum, der just in diesem Augenblick angefahren kommt. Zuweilen fängt es auch an zu schneien, leise und weich, so daß den Kleinen ganz feierlich zumute wird und sie sich keinen Augenblick darüber wundern, wieso es eigentlich offenbar in den Königspalast hinein und auf Aschenputtels Hochzeitstafel schneit. Und wenn dann der Weihnachtsmann sagt, daß nun aber alle zusammen ein schönes Weihnachtslied singen sollen, ist es wirklich wie Weihnachten, selbst, wenn wir noch Anfang Dezember oder schon Ende Januar haben.

Allerdings wird trotz aller Ergriffenheit genau konstatiert, daß die bösen Stiefschwestern offenbar in tätiger Reue mitsingen und daß es bei Königs außer dem Baum rein gar nichts zu Weihnachten gibt.

Wir gehen ins Theater

Viele Leute waren seit Jahr und Tag nicht im Theater, weil es nach einem weitverbreiteten Glauben keine Theaterkarten gibt. Wie die Leute zu Karten kommen, die den Zuschauerraum füllen, bleibt ein Geheimnis. Angeblich sind sie alle entweder mit dem Intendanten oder der Garderobenfrau verwandt, oder sie gehören zu den Begeisterten, die vor Tau und Tag an der Kasse jene vielfotografierte Schlange bildeten, die ein Intendant, der auf sich hält, von Zeit zu Zeit mit heißem, gleichfalls fotografiertem Kaffee labt. Diese Schlangenbilder schrecken alle die ab, die gerade vorhatten, sich doch einmal um Karten zu bemühen. Aber eines Tages kündigt sich dann Besuch von auswärts an, der sich seit Monaten auf unsere Stadt und unser Theater freut. Es ist ein bißchen beschämend, wie er uns um einen Genuß beneidet, den wir nur mehr als mäßig genießen, und wir müssen uns sogar von Oberwaldau aus darüber belehren lassen, was es bei uns in der übernächsten Woche alles zu sehen gibt („... leider gastiert ja XY gerade in Wien ..."). Um nicht völlig der provinziellen Mißachtung zu verfallen, setzen wir Himmel und Hölle in Bewegung, um an Theaterkarten zu kommen. Merkwürdigerweise gelingt unser Vorhaben verhältnismäßig leicht. Von nun an werden wir also häufiger ins Theater gehen!

Ein Theaterbesuch ist immer noch etwas Besonderes und unterscheidet sich wesentlich vom Gang ins Kino: Man muß sich schon tagelang vorher festlegen, man muß pünktlich sein, sonst steht man, von einem unerbittlichen Schließer bewacht, vor der Tür, und vor allem – man läßt seinen Mantel in der Garderobe und enthüllt so irgendeine Gewandung, die sich vom alltäglichen Anzug unterscheidet. In Filmen und Wochenschauen erblickt man gewöhnlich bei den dort oft und gern gezeigten Theaterbesuchen Damen in großen Abendkleidern und streng schwarzweiß gekleidete Herren. Alle haben wir sie schon zahllose Male gesehen, jene großdekolletierte Schöne, die weder an Straß noch an weißem Nerz gespart hatte, wie sie in ihrer Loge saß und ergriffen und unter Umständen sogar tränenblind den Vorgängen auf der Bühne folgte. Ich weiß nicht recht, in welchen Zuschauerräumen diese großen Roben anzutreffen sind. Nur hin und wieder verirrt sich einmal bei uns eine etwas fehlgeleitete Kreation aus weißem Taft oder rosa Crêpe de Chine ins Theater unter all die zwar zum Teil eleganten, aber doch wesentlich kleineren Kleider. Sicher ist das dann eine Dame, die das Theater hauptsächlich aus dem Kino kennt. Sie tut einem von Herzen leid in ihrer ganzen Pracht, aber man hat sie lieber als die andere Dame, die das entgegengesetzte Extrem vertritt und noch nicht einmal zu Ehren einer bedeutsamen Premiere ihren Rollkragenpullover wäscht.

Auch der allerbesten Theateraufführung fehlt jene falsche Perfektion, die selbst der schlechteste Film hat. „Klack", sagt der Holzleib der Wurst, die der Krieger soeben verspeisen will. Der temperamentvoll aus der Scheide gezogene Degen klemmt. Und die Prinzessin wirkt so richtig gehemmt, weil jemand aus dem Hofstaat auf ihrer Schleppe sitzt. Weit davon entfernt, Anstoß zu nehmen, lieben wir das Theater gerade um dieser vollendeten Wirklichkeit willen.

Wichtig am Theaterbesuch ist natürlich auch die große Pause. Man sieht und wird gesehen und tritt deshalb das Wettrennen zu den Erfrischungen in angemessener Gelassenheit an. Zwar weiß man, daß die begehrteren der belegten Brote auf diese Weise unweigerlich verloren sind, aber wie sähe es aus, wenn man die ganze dezente Eleganz durch unziemliches Eilen aufs Spiel setzte? Sonderbarerweise machen Tragödie, Komödie und sogar die echten ultramodernen Langweiler in gleicher Weise hungrig, so daß auch die weniger erlesenen Speisen und Getränke schmecken und man ganz zufrieden zurück ins Foyer strömt. Da das angestrengte Zuhören auch redelustig macht, wird in der Pause intensiv geplaudert – mit den Menschen, mit denen man ins Theater gegangen ist, und mit denen, die man dort trifft. Obgleich es natürlich sehr fein ist und einen geistigen Eindruck macht, bei solchen Gelegenheiten über die Entwicklung des Theaters während der letzten zwanzig Jahre zu plaudern, geschieht es doch oft, daß man über die eigene Entwicklung und die von ein paar anderen Leuten während der letzten zehn Jahre plaudert, unter besonderer Berücksichtigung der menschlichen Bindungen.

Am Schluß jeden Theaterbesuches – nach herzlichem Beifall und freundlich entgegengenommenen Verbeugungen – steht jedoch ein Kampf. Mag man auch eben noch ergriffen von Schicksalen gewesen sein, die ein Jahrhundert erschütterten – an der Garderobe kämpft man um Sekunden, um ein paar energisch ertrotzte Sekunden, die man eher als die anderen das ehrwürdige Gebäude verlassen könnte. Aber auch dieser Schluß des Theaterbesuches kann uns nicht davon abhalten, uns beim nächsten Besuch von auswärts wieder um ein paar Eintrittskarten zu bemühen.

Ich war mal König Drosselbart

„Es murmeln die Wellen, es rauschet der Wind ...“, so mußten wir singen und dabei rosa und himmelblaue Schleier schwenken. Wir waren nämlich Elfen, und zwar anläßlich des Geburtstages der Kinderheimleiterin, die wir dadurch erfreuen wollten. Sie freute sich auch sehr über diese Darbietung, während ich mit mir und der Welt zerfallen im Zuschauerraum saß. Leider nämlich mußten die Elfen mit dem Schleierschwenken rechts oben beginnen, und da ich heute noch in kritischen Augenblicken Schwierigkeiten habe, links und rechts auseinanderzuhalten, wurde ich bei der Generalprobe aus der Elfenschar ausgemerzt. Das war sehr bitter, und auch die Tatsache, daß im entscheidenden Moment mehrere andere Elfen links oben begannen, war kein rechter Trost. Das war meine erste Theatererfahrung – aber nicht meine letzte. Abgesehen von Nebenrollen als Sternchen, Engelchen, Bäuerin und Palastwache, hatte ich noch recht eindrucksvolle Auftritte als Hexe in „Hänsel und Gretel“, als Titelfigur in „König Drosselbart“, als Maria im Krippenspiel und als Zahnarzt in „Balduin Bählamm“. Besonders als Zahnarzt erntete ich ungeheuren Beifall, was allerdings weniger meinen schauspielerischen Fähigkeiten als der riesigen Zange des Dorfschmiedes zu verdanken war, die ich mir als Requisit ausgeliehen hatte.

Es gibt – glaube ich – kaum einen Menschen, der sich nicht zum mindesten in einer gewissen Spanne seines Lebens für eine schauspielerische Begabung hält, die nur aus Mangel an Gelegenheit verkümmert. Und fast alle Leute hegen und pflegen Erinnerungen an die wenigen Auftritte, die sie in ihrem Leben hatten. Bringen Sie einmal die Sprache darauf: jeder hat etwas zu berichten – und sei es nur der nie vergessene Jammer, als man als nur zweite Besetzung der armen Stallmagd keine Gelegenheit hatte, dem Publikum zu berichten, daß man „Ochs' und Esel die Futterraufen fülle..." Manchmal frage ich mich, ob wohl Schullehrer wissen, was sie mit ihren zweiten Besetzungen anrichten? Andere Leute aber haben Großes zu berichten – waren sie doch in hochfeinen Laienaufführungen die Antigone persönlich oder wenigstens Caligulas Geliebte. Bei diesen Aufführungen hat es sogar eine Kritik in der Zeitung gegeben, die man sein Leben lang irgendwo aufbewahren wird. Aber so weit bringt es der Durchschnittsmensch natürlich nicht, wenn es auch sicher selten ist, daß es nur einen Bühnenauftritt als Hinterteil eines Esels gab, wie ihn ein Freund als einzige Erinnerung auskramte. Der Esel hat im „Gestiefelten Kater" lediglich die Aufgabe, dem zweiten Sohn vererbt zu werden. Es ist aber keine Glanzrolle, selbst wenn man das Vorderteil auch spielen könnte. Der größte Glanz aber geht von jenen aus, die in einem richtigen Theater mitgespielt haben. Ein Mädchen aus meiner Klasse war der kleinste Tellknabe. Sie war es natürlich nur durch Beziehungen und sah auch nach unserer Meinung kein bißchen wie ein Knabe aus – aber immerhin, allabendlich stand sie auf der Bühne und konnte lässig über den Theaterbetrieb berichten. Noch nach dreißig Jahren wußte ein bedeutender Chefredakteur vom rothaarigen Freund Rudi zu berichten, der im großen Opernhaus von der singenden Madame Butterfly leibhaftig als Söhnchen ans Herz gedrückt wurde. Und weil es im Bonner Kinderballett einst zwei kleine Chinesen gab, erschienen dort im Weihnachtsmärchen jahrelang regelmäßig zwei unverkennbar chinesische Englein, Sternchen, Zwerge oder Waisenkinder. Aber auch als Erwachsener hat man die Möglichkeit, als Statist mitzuwirken – und es ist sicherlich nicht nur der Stundenlohn, der junge Leute dazu bringt, sich in Wallensteins Lager kriegerisch herumzuflegeln, als Indianer zu Pferde bei den Karl-May-Festspielen einherzusprengen oder als hungernde Frau aus dem Volke bittend die Hände zu ringen. Alle Amateurstatisten wissen aus ihrer Theaterzeit komische Geschichten zu berichten: wie sie als römischer Krieger vergessen hatten, die Brille abzunehmen; wie sie als Teil des Gefolges auf Maria Stuarts Ärmel standen und die Dame so am Fortkommen hinderten, und wie sie als stumme Bittstellerin ihr „Kindlein" fallen ließen, das scheppernd über die Bühne rollte. Auch gibt es unvergeßliche, durch den Abstand der Jahre vergoldete Erinnerungen an Mäntel, die kratzten, Bärte, die entweder rutschten oder nicht abgingen, an Schwerter, die zwischen die Beine gerieten, Reiterstiefel, in denen man sich herumdrehen konnte, Kleider, die kaum das Atmen erlaubten, und Zöpfe, die höchst muffig rochen. Vor allem aber hat man fürs Leben gelernt, wie es im Theater zugeht – da kann einem keiner mehr etwas vormachen: man weiß genau, welch wichtige Rolle Garderobier und Beleuchter spielen und was für ein Riesenroß der bis dahin so verehrte jugendliche Held ist, dem der beklagenswerte Regisseur sein temperamentvolles, strahlendes Wesen förmlich einhämmern muß. Außerdem riecht er nach den Zwiebeln, mit denen er seine Leberwurstbrote zu belegen pflegt.

Die edelste und zugleich auch zeitraubendste Rolle, von der ich berichten hörte, war die als Gralspage im „Parsifal". Noch heute erinnert sich meine Mutter an das ewiglange Herumstehen und gemessene Schreiten. Aber dafür war sie auch ganz in weißem Samt und trug – was damals unerhört rasant war – richtige weiße Strumpfhosen!

Vom klugen Roß und anderen Sehenswürdigkeiten

Einer der aufregendsten Momente meines Lebens war der, wo das treue Pferd um ein Haar das vergiftete Wasser getrunken hätte. Stellen Sie sich nur vor: eine Gruppe todesmutiger Helden weilte gemeinsam mit einem entzükkenden Mädchen im Tale des Grauens. Nächtlich trinkt immer ein Schurke unter ihnen das für alle bestimmte Wasser aus. Schließlich müssen alle dursten, sogar das Mädchen bekommt aufgesprungene Lippen. Der Oberheld wird durch einen Beinbruch aktionsunfähig, Verzweiflung packt alle. Da kommt dem stöhnenden Verwundeten ein rettender Gedanke: sein treuer Hengst bekommt einen Zettel mit Hilferuf um den Hals gehängt und wird nach Haus geschickt. Durch endlose Wüsten galoppiert er dahin, schweißbedeckt, aber unverdrossen. Da – ein Wässerchen, doch neben dem Wässerchen steht fürsorglich ein Schild in der Wüste mit der Aufschrift „Gift“ und einem Totenkopf. Aber das Pferd kann nicht lesen! Tiefer und tiefer senkt sich sein Haupt durstig über das Rinnsal, die Zunge kommt schon zum Vorschein – das Herz des Beschauers setzt fast aus! Jedoch, als alles nahezu verloren scheint, da stößt der kluge Hengst ein angewidertes Schnauben aus, schüttelt sich, ohne zu trinken, und läuft weiter durch die Wüste der rettungbringenden Heimat zu. Diese atemraubende Szene geschah in einem der ersten Filme, die ich sah, und jedermann kann verstehen, wieso ich seitdem kinobesessen bin. So etwas bietet einem wirklich nur der Film. Nicht auszudenken, was sich alles abgespielt hätte bei einem weniger mit Instinkt begabten

Roß! Damals hatte ich eine Freundin, deren Mutter an der Kasse eines verstaubten Vorstadtkinos thronte. War sie gut gelaunt, ließ sie uns schon einmal umsonst durch. Aus dieser Zeit stammen meine fundierten Kenntnisse über Sitten und Gebräuche des wilden Westens. Nur völlig erwachsene Menschen läßt der wilde Westen ganz kalt, und davon gibt es doch wohl nur sehr wenige. Alle anderen genießen es, wenn wieder einmal jener bekannte Saloon (vor dem die Pferde angebunden stehen) gezeigt wird, in dem immer die gleiche geladene Stimmung herrscht, wenn der Fremde durch die halben Schwingtüren eintritt. Oder jenes Hotelzimmer mit plüschener Pracht, wo das schlechte Mädchen mit dem Herz auf dem rechten Fleck zu hausen pflegt und von wo aus man durch das Fenster auf die Straße schießt und die unwahrscheinlichsten Treffer erzielt. Oder der große dahinstürmende Galopp quer durch die Prärie!

Auch sonst hat das Kino einiges zu bieten. Hin und wieder sogar richtige Kunst. Aber abgesehen davon – wo wäre es einem sonst möglich, ein echtes römisches Wagenrennen zu sehen oder den Übergang über die Beresina? Woher sollte der Durchschnittsmensch sonst wissen, wie es in einem U-Boot aussieht oder im Wohngemach Iwans des Schrecklichen? Die Gepflogenheiten der Unterwelt von Chikago und der Halbwelt des Fin de siècle – wären sie uns so vertraut ohne den Film? Und jene ganz spezielle repräsentative Eleganz mit weißfuchsverbrämten Nachmittagsmänteln, breitrandigen, wippenden Hüten, mit ganz, ganz großen Abendkleidern und hinreißenden Ensembles – mancher bekäme sie nie im Leben zu sehen, wären nicht die Damen der oberen Zehntausend im Film selbst zu geringfügigen Anlässen verschwenderisch damit ausgestattet. Ach, nur einmal so gekleidet sein wie beispielsweise Doris Day schon am Morgen zu einem simplen Einkaufsbummel! Allein, die Handschuhe, die sie zu diesem Zweck lässig überstreift, lassen einen vor Neid erblassen. Manche Menschen sind so anspruchsvoll, daß sie sich nur von einer geistreichen, originellen und bis ins letzte logischen Handlung fesseln lassen und absolut finster entschlossen sind, bei Nichtbefriedigung ihrer Maßstäbe das Kino zu verlassen. Das brächte ich nie fertig! Selbst wenn ich mich noch so sehr ärgere, will ich doch wissen, wie es weitergeht. Wer kann wissen, ob nicht der Schluß noch eine Überraschung bietet? Unter uns gesagt, tut er das eigentlich nie, und ich habe deswegen schon außerordentliche Schwierigkeiten gehabt, weil andere Leute das gleiche sagten und nicht ausharren wollten. Aber schließlich kann man ja wirklich nie wissen . .

Übrigens sollte man grundsätzlich nie einen anderen gegen seine Überzeugung ins Kino schleifen. Nur ganz selten hat man das Glück, daß ein wirklich hervorragender Film, der dazu auch noch ganz der Geschmacksrichtung des unwilligen Kinogängers entspricht, ihn überzeugt. Meist muß man im entgegengesetzten Fall dreifach leiden: zuerst einmal, weil der andere leidet und es einen ohne Rücksicht durch abgrundtiefes Seufzen, Gähnen, Nichtmehrhinschauen und Herumrutschen weidlich spüren läßt; zweitens, weil man sich für den Film verantwortlich fühlt und jede Unzulänglichkeit schmerzlich und deutlich spürt; und drittens, weil man aus diesen Gründen selber zu keinem Kinogenuß kommt.

„... und dann kam der Blonde“

Kennt jemand zufällig den Inhalt des Films „Winchester 73?“ Vor geraumer Zeit nämlich gab ich einem Kind, das ins Bett gehen und deshalb diesen im Fernsehen gezeigten Film verpassen mußte, das Versprechen ab, ihm den Inhalt genau zu erzählen. Leider aber dachten sowohl das Kind als auch ich in der Folgezeit nur in den allerunpassendsten Momenten an diesen schönen Western – bei den Schularbeiten, beim Schlafengehen, wenn Besuch da war, beim Autofahren mitten in einer wildfremden Stadt –, kurzum, „Winchester 73“, in vorwurfsvollem Ton ins Gespräch gebracht, lastet immer noch auf mir, und was das Schlimmste ist: Außer der Tatsache, daß es sich um zwei Brüder handelte – von denen James Stewart der liebe war, der zudem auch noch beim Wettschießen das Gewehr gewann, das dann der böse Bruder klaute –, ist mir die ganze Geschichte inzwischen höchst schleierhaft geworden.

Filme muß man nämlich gleich erzählen oder doch so oft, daß man sie im Kopf behält. Meist geschieht dies, wenn man jemanden davon überzeugen will, daß er besagten Film unbedingt sehen oder gesehen haben müßte. Besonders Kinder neigen dazu, andere ganz genau mit dem soeben Genossenen vertraut zu machen, wobei es allerdings nicht immer ganz leicht ist, den Faden zu verfolgen, auch wenn sie mit aller Gründlichkeit vorgehen. Da besteht etwa ein Zehnjähriger darauf, den geliebten Onkel beim gemeinsamen Abendessen mit allen Einzelheiten eines Pennälerfilms vertraut zu machen. Alle Familienmitglieder werfen leidende Blicke gen Himmel, der liebe Onkel erlahmt allmählich im Interesseheucheln, aber der eifrige Erzähler versichert, daß es genauso toll weiterginge, und es geht auch unverdrossen weiter. Das Geschehen selbst bleibt zumeist nebulös, da schon die handelnden Personen, deren Namen stets vergessen werden, verwirrende Bezeichnungen erhalten: „den, den Hans Rühmann nicht spielt ...", „die, die erst später reingekommen ist", „die Tochter von der bösen Mutter", „der, wo man dachte, er hätte das Pferd geklaut" oder auch nur „der eine und der andere".

Aber so ganz befriedigende Erzähler sind die meisten Erwachsenen auch nicht, da sie es nur sehr selten verstehen, den dauernden Hinweis: „Also, den mußt du einfach sehen!" durch eine präzise Schilderung zu untermauern. Überzeugender ist die Sache schon, wenn zwei Leute gemeinsam einen dritten mit einem Film vertraut machen. Der Inhalt wird einem zwar noch geheimnisvoller, aber wenn der eine nur „und wie sie ausknobelten, wer ihn warnen sollte ..." sagt und daraufhin beide in schallendes Gelächter ausbrechen oder wenn der andere bedeutsam nur die Worte „die Szene mit dem Streckenwärter" spricht und beide daraufhin in ergriffenes Schweigen versinken, hat man doch den Eindruck, daß an diesem Film schon etwas dran sein muß. Bei sehr komischen Filmen kann man sich sogar wie ein Ausgestoßener vorkommen, wenn alle anderen sich aufs Stichwort hin vor Lachen ausschütten können. Manchmal bekommt man übrigens eine Szene – eine besonders eindrucksvolle, natürlich – des öfteren erzählt, so beispielsweise etwas mit einem Abhörwagen und einem Toilettenwasserspülgeräusch, das an einer Ampel andere Verkehrsteilnehmer total verwirrt (erinnern Sie sich?). Als ich diese Szene dann wirklich sah, war der urkomische Überraschungseffekt weg, und ich konnte nur noch müde lächeln. Schade!

Die meisten Leute, die anheben, einen Film zu erzählen, bringen dieses Vorhaben nicht zu Ende. Meist merken sie mittendrin, daß der Zuhörer etwas gequält lauscht oder daß sie sich selbst im Handlungsgestrüpp verwirren wie: „Ach nein, vorher war überhaupt noch der Blonde gekommen und hatte schon damit gedroht, er würde es nicht tun..." oder „... natürlich, ganz am Anfang hatte sie nämlich schon am Telefon..." Besonders schwierig für den Zuhörer kann es werden, wenn mehrere zugleich erzählen, sich gegenseitig verbessern oder sogar darüber in die Haare geraten, ob sie, als sie ihn so lange und bedeutungsvoll anguckte, schon wußte, daß sein Onkel tot war, oder ob sie es erst hinterher erfuhr, „weil doch der Brief da noch lag..." Tiefe Verstimmungen zwischen einst einigen Partnern sollen schon ausgebrochen sein, weil er (oder sie) einen Film nicht so erzählen durfte, wie er (oder sie) es für gut hielt.

Es gibt natürlich auch einige wenige, die zu ganz großer Form auflaufen und einen Film nahezu besser erzählen, als er ist. Ich erinnere mich da beispielsweise an die reife mimische Leistung eines Freundes als tanzenden Vampir...

Man sollte wirklich Sport treiben!

Nach langen Unterhaltungen mit vielen Freunden in der gleichen Lage hat sich eines als brennend notwendig herausgestellt: es muß unbedingt eine völlig neue Sportart erfunden werden für die, die klugerweise eingesehen haben, daß es nun aber wirklich nicht so weitergeht, daß allmählich etwas für die Figur getan werden müßte, daß man ja zusehends steifer wird, daß man keine fünfzig Meter mehr laufen kann, ohne außer Atem zu kommen – kurzum, daß wirklich jetzt Sport getrieben werden muß!

Aber welcher? Bei dieser Überlegung wird dann klar, daß es dringend an einem Sport fehlt, der ohne großen Aufwand (aber dennoch mit einer gewissen Eleganz) täglich, mit Ausnahme der frühesten Morgenstunden – denn so sportlich will man auch wieder nicht sein –, im Kreise sympathischer Zeitgenossen ohne allzu große Anstrengungen, aber dennoch mit durchschlagendem Erfolg, was Gesundheit und Schönheit betrifft, betrieben werden kann. Außerdem muß dieser Sport unterhaltsam sein und so leicht zu erlernen, daß man sich schon nach gewisser Zeit an bescheidenen Erfolgen freuen kann.

Diese Bedingungen treffen in ihrer Gesamtheit auf keinen bisher bekannten Sport zu. Welche Sportart wir auch in langen Abendstunden gewissenhaft überprüften – immer gab es irgendeinen Haken. Paddeln beispielsweise ist sicher ungeheuer gesund und stählend, aber das nächste Wasser ist weit, und auch sonst scheint die Sache etwas mühsam zu sein. Tennis ist genau das, was man möchte, aber vor Jahren habe ich mich ziemlich dumm dabei angestellt und die Erfahrung gemacht, daß mit Anfängern nur opferfreudig Veranlagte gern spielen; und die sind sehr selten. Zum Reiten braucht man außer Hosen unbestrittenerweise ein Pferd, und der Stall des nächsten angemessenen Tattersall-Rosses ist nur mühsam zu erreichen. Handball oder Korbball ist sicher bestimmt nicht sehr langweilig, aber wenn man sich an die Schule zurückerinnert, so gellen einem noch die vorwurfsvollen Schreie der eigenen Mannschaft in den Ohren, wenn man, was nicht allzu selten geschah, einen lebenswichtigen Ball fallen ließ. Auch Schwimmen ist eigentlich nur im Zusammenhang mit dem ganzen sommerlichen Badebetrieb amüsant; zieht man jedoch mit eiserner Gelassenheit eine halbe Stunde seine Kreise im Becken der Städtischen Schwimmhalle, bleibt diese Art von gesunder Bewegung entsetzlich langweilig. Auch Gymnastik ist nicht jedermanns Sache. Zu Hause am offenen Fenster in hehrer Einsamkeit betrieben, erlahmt der Durchschnittsmensch gar bald in seinem Streben, und in Gemeinschaft mit anderen nach Schönheit strebenden Damen fühlt man sich oft verzweifelt an das Teddybärenballett im Weihnachtsmärchen erinnert.

Wenn man so weit in abendlichen Gesprächen gekommen ist, dann ist der Augenblick gekommen, wo etwas – allen Einwendungen zum Trotz – verabredet wird. Denn – darüber war man sich von Anfang an klar –, so kann es ja nicht weitergehen. In jedem Kreis gibt es tatkräftige und zuverlässige Menschen. Von diesen übernimmt es also einer, den Golfklub anzurufen, nach einem Tennisplatz Umschau zu halten, eine Gymnastikschule ausfindig zu machen oder herauszufinden, wo sich wenigstens die managerkrankheitsbedrohten Männer im Boxen üben können. Denn da jeder einzelne sich seit Jahren nicht zum aktiven Sportler ausgebildet hat, wollen es nun alle gemeinsam versuchen. Vielleicht wird bei anderen Leuten aus solchem Vorhaben wirklich etwas. Bei uns jedoch verkündet der Golfklub Mitgliedersperre, beim Tennisverein hat der Trainer nur früh um sieben Uhr Zeit, und bei der

Gymnastik kann man sich nicht auf eine Wochenstunde einigen, an der alle teilnehmen können. Außerdem ist es bei näherer Betrachtung vielleicht doch besser, vor dem Urlaub nicht noch etwas Neues anzufangen. Aber im Herbst müssen wir dann unbedingt Sport treiben!

Es gibt sportlich außerordentlich Begabte, die von Anfang an bei allem, was sie auch beginnen mögen, sich einigermaßen geschickt anstellen. Schon in der Schule haben wir sie glühend beneidet, und auch bei Erwachsenen stellen sich manchmal bittere Gefühle ein gegen die, die jeden Tischtennisball erwischen und jede Anweisung des Skilehrers auf Anhieb nicht nur begreifen, sondern auch ausführen. Diese Leute haben es natürlich leichter, ihren Vorsatz, Sport zu treiben, in die Tat umzusetzen, während sich die anderen, denen es schon in der Schule, als man doch wahrhaftig noch gut trainiert war, nicht gelungen ist, Lorbeeren zu pflücken, mit geradezu heldenhafter Selbstüberwindung wappnen müssen. Ganz besonders hochzupreisen sind jene bedauernswerten männlichen und weiblichen Wesen, für die allein schon der Entschluß, sich mit Sporthosen zu bekleiden, einer Selbstaufgabe nahekommt. Denn auch die, die es am allernötigsten haben, sehen meist auch danach aus.

Aber so weit soll es natürlich gar nicht erst kommen! Deshalb – und hierin sind wir mit allen unseren Freunden einer Meinung – wollen wir uns demnächst einmal abends gemütlich zusammensetzen und wirklich ernsthaft über die Sache nachdenken!

Können Sie noch freihändig radfahren?

Sicher gibt es nur ganz wenige Leute hierzulande, die nicht radfahren können. Dabei ist es zunächst gar nicht so leicht zu lernen, wie jedermann weiß, der schon einmal hinter einem Rad hergetrabt ist, das er zwecks Beibehaltung des Gleichgewichtes eines Radfahrlehrlings am Sattel festhielt und das er sich immer nur dann gestattete loszulassen, wenn er den Eindruck hatte, nun hätte der Fahrschüler den Bogen heraus. Meist hatte der Fahrschüler wirklich einen Bogen heraus, nur häufig den falschen, der ihn mit kühnem Schwung in eine Hecke oder gegen eine Laterne führte. Das gleichzeitige Treten und Lenken hat nämlich zunächst seine Tücken, so daß sportlich nicht allzu Begabte eben dringend einen lieben Mitmenschen brauchen, der sattelhaltend hinter ihnen herrennt. Die sportlich Begabten haben das natürlich nicht nötig: Schon im zartesten Kindesalter lernen sie die Kunst innerhalb einer Viertelstunde auf einem geliehenen Fahrrad, womöglich noch unter erschwerenden Bedingungen, die beispielsweise durch ein viel zu großes Herrenrad gestellt werden, wo sie mit einem Bein unter der Querstange durchsteigen müssen. Später werden aus ihnen jene Radfahrer, die selbst den steilsten Berg aufwärts befahren und auf der schmalsten Stelle wenden können, ohne abzusteigen. Viele von uns haben sicher aus ihrer Kinderzeit irgendeinen Berg in Erinnerung, den sie sich verzweifelt und vergeblich gemüht haben zu „schaffen“. Bei mir war es der Hügel mit dem abschreckenden Namen „Himmelsberg“, den es auf dem Wege zum Ferienschwimmbad zu überwinden galt.

Viele Halbwüchsige erleben eine Periode ihres Daseins, wo sie gewissermaßen mit ihrem Fahrrad verwachsen sind. Es bringt sie zur Schule, zum Sport, zu den ersten Rendezvous, aber auch zum zwei Häuser entfernten Briefkasten oder sogar in den hinteren Teil ihres mittelgroßen Gartens. Man flirtet per Rad, indem man die Auserwählte „vorn drauf" nimmt, und ficht Kämpfe aus, indem man sich gegenseitig „hinten rein"fährt und die Luft ausläßt. Erste Gelüste nach Prestige werden durch eindrucksvolle Spiegel und Scheinwerfer, komplizierte Gangschaltungen, Kilometerzähler und Luxussättel befriedigt, und auch das aus dem hintersten Keller geholte uralte Stahlroß des Vaters mit Gesundheitslenker und „Pinn" zum Aufsteigen kann ein echter Schlager werden.

Das Radfahren – so schön es ist – kann einem jedoch durch widrige Umstände sehr verleidet werden. Vor allem geliehene Räder haben ihre Tücken: Wer schon einmal über eine längere Tour auf scheuerndem Sattel gesessen hat, wer mit einer abspringenden Kette zu kämpfen hatte oder wer auf eins jener Pedale angewiesen war, die bei besonderer Belastung plötzlich durchdrehen, entwickelt einen gesunden Haß auf alle die, die leichtbeschwingt auf willigen Stahlrössern vor ihm herrasen und immer nur so lange warten, bis er keuchend den Anschluß gefunden hat. Auch jene Fahrradschläuche, die keinen sichtbaren Defekt zeigen, aber dennoch langsam, aber sicher Luft ablassen, können sich als echte Saboteure des Radfahrsports erweisen und zum Umsteigen auf motorisierte Fortbewegungsmittel Veranlassung geben. Ist man erst umgestiegen, so beginnt man der Gesamtgruppe Radfahrer mißtrauisch zu begegnen wegen der – wie man heute mathematisch sagen würde – Teilmenge, die durch die Schaffung revolutionärer Verkehrsregeln Verwirrung stiftet. Radfahrer können krasse Individualisten sein, die ganz nach eigenem Geschmack abbiegen, überholen und genausoviel Platz auf der Straße beanspruchen wie ein kleiner Lastwagen. Manchmal sind sie auch gar keine Individualisten, sondern bestehen darauf, mit ihren lieben, gleichfalls radelnden Mitmenschen engumschlungen oder wenigstens nebeneinander, in zwischenmenschlich packende Diskussionen verstrickt, einherzufahren.

Wenn der ins Auto umgestiegene Mensch später wieder auf das (häufig aus dem Kofferraum geholte) Fahrrad steigt, so geschieht dies meist der Gesundheit wegen. Fröhlich radelt er durch Wald und Flur und hat dabei das herrliche Gefühl, viel sportlicher zu sein als alle zu Fuß wandelnden Mitmenschen – von denen im Auto ganz zu schweigen –, aber auch viel sportlicher als er selbst vor nicht einmal vier Wochen, als ihm die heute spielend zurückgelegte Strecke noch ernsthaften Muskelkater verursachte. Und wenn man dann noch auf einsamen Feldwegen feststellen kann, daß man das Freihändigfahren nicht verlernt hat – was kostet dann die Welt?

Das Wasser ist heute wieder fabelhaft!

Zu den wichtigsten Freuden des Sommers gehört ganz ohne Zweifel das Baden in Gewässern, die sich im Freien befinden. Wenn man eine fabelhafte Frau ist, beginnt man sich bereits im Frühjahr sorgfältig auf diese besondere Freude vorzubereiten: Man bürstet den Rücken, massiert die Knie, turnt die Taille schlank und behandelt den Bauch mit Nährcreme, was zwar auf den ersten Blick falsch klingt, aber doch dadurch gerechtfertigt ist, daß nur die Haut und nicht der Bauch als solcher genährt werden soll. Außerdem schreitet man natürlich zum Ankauf neuer Badeanzüge, Bikinis, Sonnenhüte, Frotteekleider, Badetaschen und dekorativer Badetücher zum Daraufliegen. Außerdem braucht man zumeist eine feine teure Creme für Gesicht und Hals und ein etwas ordinäreres Erzeugnis für alles übrige. Manche halten auch eine vorher auf dem Balkon oder im Garten erworbene Bräune für unerläßlich, da sie sich so weiß wie Schnee nicht zeigen mögen. Sind diese Voraussetzungen mehr oder weniger erfüllt, kann man ins Wasser gehn, wenn man nicht zu jenen Naturen gehört, die einen großen, vorsichtigen Bogen um jedes kalte Gewässer machen. Schon als Kinder unternahmen sie immer gerade dann Dünenspaziergänge, wenn sich alle anderen zum Baden anschickten, und als erwachsene Menschen stürzen sie sich höchstens zu Zeiten großer und heftiger Liebe mit ins immer zu kühle Naß, um dem Gegenstand ihrer Verehrung auch hier nahe zu sein. Später gibt sich das wieder.

Viele Menschen sind ausgesprochen gern im Wasser und

genießen ein sommerliches Bad als eine der echten Freuden dieses Lebens. Nur das Hineingehen ist für die allermeisten Menschen eine Qual, und es dauert so seine Zeit – eine höchst unangenehme Zeit –, bis man, vollständig und ganz richtig von unten bis oben naß, im Wasser schwimmt. Man kann natürlich diese Prozedur tapfer abkürzen, indem man gleich untertaucht oder gar mit elegantem Hechtsprung hineinspringt, aber weder die eigene Verfassung noch das Gelände sind in jedem Fall dazu geeignet. Immer wieder sieht man an sanften Seeufern oder am Strand des Meeres Menschen etwa bis zu den Hüften im Wasser stehen und scheinbar die wunderbare Weite des Horizonts bewundern. In Wirklichkeit ringen sie nur mit dem Entschluß, weitere empfindliche Körperzonen aus der warmen Sonne ins kühle Naß zu tauchen. Spritzt man sie übrigens in solch einem Augenblick naß, sind sie erfahrungsgemäß völlig humorlos. Für so geartete Naturen vereinfacht sich das Leben kolossal durch eine kräftige Brandung, die sie gnadenlos überschüttet. Einmal dann so richtig im nassen Element, können sie kaum noch verstehen, was gerade eben so schrecklich schien, wovon das heftige Winken und der Ruf an die Nachzügler kündet: „Kommt bloß rein, das Wasser ist heute wieder fabelhaft – überhaupt nicht kalt!“ Über die Kälte gibt es übrigens verschiedenste Ansichten: Südlandfahrer schaudert es, wenn das Mittelmeer nur einundzwanzig Grad mißt, während der treue Besucher der Nordsee ganz glücklich ist, wenn das Thermometer der Kurverwaltung (und das ist ein besonders optimistisches Thermometer) achtzehneinhalb Grad anzeigt.

Da natürlich Strandkleider aller Art zum Baden höchst ungeeignet und am Strand wiederum nasse Badeanzüge nur bei äußerster Hitze tragbar sind, erwächst im Freien das Problem des Aus- und Anziehens, sofern man sich nicht an solchen Orten befindet, wo dieses Problem der Badebekleidung sich überhaupt nicht stellt. Mancherorts gibt es allerdings Zellen, die oft höchst unkomfortabel sind und in denen man während des Kleiderwechsels die Badeordnung lesen kann, zumeist aber ist man ganz auf sich selbst und seine Hilfsmittel, wie Strandkörbe, Badetücher, Bademäntel, weite Röcke und so weiter, sowie auf das diskrete Hinwegsehen der übrigen Freibader angewiesen. Manchmal gibt es auch liebe Mitmenschen, die einen mit ausgebreitetem Badelaken abschirmen, aber im allgemeinen wird ein Wasserliebhaber im Laufe jedes Sommers zu einem echten Entkleidungskünstler. Wirklich schwierige Anforderungen an diese Kunst stellt ein naßkalter und zudem noch windiger Tag, wo man bibbernd mit den flatternden Sachen zu kämpfen hat, die sich kaum über die nur notdürftig abgetrockneten Glieder ziehen lassen, an denen hartnäckig der nasse Sand kleben bleibt. In dieser Situation wird man bald von erhabener Gleichgültigkeit gegen die Umwelt erfüllt, die meist auch mit sich selbst beschäftigt ist.

Der schlimmste Pferdefuß aber, den das Baden im Freien nahezu allen Frauen zeigt, ist der völlige Ruin der Haarpracht. Mag der Schopf auch so fabelhaft geschnitten sein, daß der Friseur schwört, man brauche bloß mit allen zehn Fingern durch das nasse Haar zu streichen, um einen befriedigenden Zustand herzustellen – irgendwie ist das Ergebnis immer nicht voll befriedigend. Und wer will schon mit Lockenwicklern am Badeleben teilnehmen? Bei häufigem Baden ist die Entwicklung der Frisur in Richtung auf einen Strohwisch hin kaum aufzuhalten. Aber das ist schließlich die Sache wert. (Wenn man erst einmal glücklich „drin" ist.)

... und für Ordnung sorgt der Bademeister

Ins städtische Hallen- oder Freibad geht der erwachsene Mensch keinesfalls zum Vergnügen, sondern um seiner Gesundheit oder Schönheit oder allen beiden zu dienen. Als Kind empfand man natürlich anders: da sprang man ohne Rücksicht auf klassische Haltung ins Nichtschwimmerbecken, da spielte man Kriegen durch alle Räumlichkeiten, da tauchte man nach Bademützen und spritzte „aus Versehen" den Bademeister naß, da setzte man sich verbotenerweise auf den wasserspendenden Springbrunnen oder übte Kopfsprung mit Anlauf, und vor allem tobte, quiekte und schrie man. Gerade an letzteres sollte man sich erinnern, wenn man nunmehr ruhig seine Gesundheits- und Schönheitsbahnen zieht und wütende Blicke schleudert, wenn in sausendem Schwung ein quietschendes Etwas direkt vor unserer wegen der Frisur hocherhobenen Nase ins Wasser plumpst. Seit Menschengedenken geht das Bestreben der Bademeister und -meisterinnen vergeblich dahin, diesem Kindertreiben gewisse Grenzen zu setzen. Wahrscheinlich finden sich deshalb in diesem Beruf besonders viele strenge Menschen, vor denen man aus der Macht jahrelanger Gewohnheit heraus einen ungewissen Respekt verspürt.

Überhaupt: hier herrscht Ordnung! Wo sonst noch wird einem energisch befohlen, sich zunächst einmal anständig zu waschen, bevor man in das nach Chlor duftende Wasser taucht, das ungemein einladend blau oder grün wirkt, je nach Kachelfarbe? Übrigens ist es nach meiner Erfahrung jedesmal noch etwas kälter, als man es in Erinnerung hatte. Man steigt also tapfer hinein und zieht seine Bahnen, was nach einiger Zeit unbeschreiblich langweilig wird. Immer rundherum, den Blick auf die große Uhr gerichtet, deren Zeiger überhaupt nicht vom Fleck zu rücken scheinen. Schwimmen, so las man, verleiht dem Menschen einen ebenmäßigen Körper. Man hat, von schmeichelndem Wasser umgeben, geradezu das Gefühl, zusehendst ebenmäßiger zu werden. Angesichts des Bademeisters gibt man sich Mühe, ganz perfekt mit weitausholenden kräftigen Stößen zu schwimmen, um einen lobenden Blick zu erhaschen, und eine kleine Strecke Crawlen legt man auch hin und wieder ein – schade nur, daß man dabei so schnell aus der Puste kommt.

Irgendwie trifft man in jeder Schwimmhalle auf der Welt überall die gleichen Leute: immer gibt es einen drahtigen Greis, der mit erstaunlichen Leistungen aufwartet, immer gibt es irgendwelche mittelalterlichen Menschen, die sichtlich mißmutig nur genau das tun, was der Arzt ihnen verordnet hat. Auch ein dünner, blaugefrorener Schwimmschüler ist meistens da, der hilflos und voller Ergebenheit alles auf sich nimmt, was sein Lehrer von ihm verlangt. Außerdem trifft man fast immer ein Terzett oder Quartett fröhlicher Damen, das man sich unwillkürlich bei Kaffee und Kuchen vorstellt. Und nicht zu vergessen: jene brave Mutti, die eifrig bestrebt ist, ihrem Sprößling das Schwimmen selbst beizubringen. Jeder regelmäßige Badeanstalten-Besucher hat sicher angesichts solcher pädagogischen Versuche zwei Beobachtungen gemacht: Erstens sind kleine Jungen unendlich viel banger als kleine Mädchen, und zweitens führen die Mütter ihren Unterricht gewissermaßen in Form diplomatischer Verhandlungen durch, was sich nicht immer als besonders wirksam erweist. Meist nutzt es nicht allzuviel, Udo inmitten von kalten, feindlichen Gewässern an das Eis zu erinnern, was er vorhin für das Versprechen bekommen hat, heute ganz tapfer zu sein. Und der Hinweis darauf, daß das kleine Mädchen dahinten bestimmt lacht, wenn Volkerlein sich so anstellt, vermag auf Volkerlein, das finster entschlossen ist, seine Beine auf dem sicheren Grund und seine Arme in unlöslichem Klammergriff an der Stange zu lassen, überhaupt keinen Eindruck zu machen. Unter diesen Umständen sind jene Mütter glücklich zu preisen, die es bereits so weit gebracht haben, daß sie mit dem anfeuerndem Ruf: „Einatmen – puusten!“ ihre schwimmenden Entenküken schwimmend begleiten.

Nur selten bleibt einem jene weitere Gruppe erspart, von der ich gleich zu Beginn sprach. Schon von weitem hört man, wie sie sich naht: rufend, quietschend, laufend, hin und wieder von einem donnernden „Ruhe!!“ übertönt – die obligate Schulklasse! Wie ein Bienenschwarm stürzt sie in Umkleideräume und Kabinen. Nicht, daß ich nicht kinderlieb wäre, aber zuweilen zähle ich auch zu jenen, die in diesem Augenblick fluchtartig ihre Umkleidekabine aufsuchen. Aus dem Fenster der Kabine, wo man, ohne gesehen zu werden, alles sehen kann, erlebt man dann noch mit, wie das erste Rudel bereits von den warmen Brausen weggescheucht wird. Schier endloses Brausen, bevor man in das bald hoffnungslos überfüllte Schwimmbecken springt oder gestoßen wird, gehört nämlich auch zu den Jugendfreunden in der Badeanstalt. Aber wer erinnert sich in unserem Alter noch daran, wo es uns mehr um Schönheit und Gesundheit zu tun ist als um das bloße Vergnügen?

Mit einem doppelten Rittberger fängt die Kunst erst an!

Nicht als ob ich nichts davon verstünde – schließlich bin ich ja selbst einmal Schlittschuh gelaufen. Wenn es so richtig schön eiskalt war, wurden die Tennisplätze am Reuterplatz unter Wasser gesetzt, und die Straßenbahnen trugen ein Schild an der Frontseite „Heute Eisbahn!“, damit man in unser schon immer mit lauwarmem Klima geschlagenen Stadt dieses seltene Ereignis auch ja nicht versäumte. Ich muß allerdings eingestehen, daß es sich mehr um ein gesellschaftliches Ereignis als um ein sportliches handelte, da wir weniger nach doppelten Rittbergern strebten als nach ansehnlichen Knaben, die einen in ganz jungen Jahren umzuschubsen trachteten und in späteren Jahren anstrebten, „Paar“ zu laufen und die Schlittschuhe anzuschnallen.

Wenn ich so an meine Lauftechnik denke, bin ich alle Jahre wieder hingerissen, wenn ich auf dem Bildschirm sehe, wie die dort auftretenden Herrschaften es fertigbringen, mit drei Schritten die Eisfläche in ganzer Weite zu überqueren. Aber dafür finden die sachkundigen Herren, die die ganze Veranstaltung kommentieren, überhaupt keine Anerkennung. Sie verlangen zum mindesten doppelte Axel und Rittberger, eingesprungene Pirouetten und Schrittkombinationen, die, wie wir alle wissen, nicht zu tänzerisch sein dürfen, sonst passen sie den Preisrichtern nicht. Den Preisrichtern paßt überhaupt vieles nicht, und als Fernseher hat man wunderbar Gelegenheit, sich über sie zu ärgern. Leider hat man inzwischen abgeschafft, daß sie, im Gegensatz zu den Läufern wie die pelzigen Teddybären ausschauend, auf die Eisfläche gestampft kommen, ihre Benotungen mit beiden Händen aus einer Art Brottasche ziehen und in die Luft heben und dann finsteren Blickes den Pfiffen der Zuschauer standhalten müssen. Da fielen früher Richter auf, über die man sich noch am nächsten Morgen am Arbeitsplatz erhitzen konnte. Man erinnert sich beispielsweise an eine offensichtlich besonders böse Dame, die ganz bestimmt ein etwas gestörtes Verhältnis zur Gerechtigkeit hatte.

Nicht, als ob man sich als Zuschauer auch verpflichtet fühlte, gerecht zu sein. Am Bildschirm sitzende Herren sehen etwa in zu kurzen Beinen und zu dicken Oberschenkeln ein Hindernis zu besten Benotungen, während die Damen jemandem mit allzu kunstvollem Haaraufbau und allzu reichlicher Straßstickerei den Sieg nicht gönnen. Und wenn dann noch der freundliche Fachmann den Zuschauern ohne Farbfernseher erklärt, daß das „Kleidchen" in Grün und Orange gehalten sei, nimmt man einen Sturz oder einen unsauber eingesprungenen Doppelsalchow ohne Bedauern, ja manchmal sogar mit Schadenfreude zur Kenntnis. Vor allem Kinder warten förmlich darauf! Und wenn sie gezwungen sind, das Zimmer zu verlassen, vergewissern sie sich beim Wiederhereinkommen, daß sie auch ja nichts Wesentliches in Gestalt eines Sturzes verpaßt haben. Anschließend an so einen Fall hat man dann zumeist die Gelegenheit, tiefe menschliche Einblicke zu tun: Ist sie jetzt völlig durcheinander? Ist er ihr böse? Gibt sie auf? Verzichtet er nun auf das Risiko? Weint sie etwa? Und hat man nicht gehört, daß sie privat nichts von ihm wissen will oder daß er sie beim Training sogar geohrfeigt haben soll? Der Fernsehzuschauer hat die Möglichkeit, die Gesichter von ganz nahem zu sehen, und – je nachdem, was er dort sieht – kann er kommentieren: „Die kriegt bestimmt nachher eine gelangt!" oder: „Eigentlich guckt sie ihn doch ganz lieb an!"

Man bekommt überhaupt eine Menge zu sehen – und legt auch Wert darauf –, was mit dem eigentlichen Sport genaugenommen nichts zu tun hat: nach Luft schnappende Mädchen und junge Männer, die gebannt nach der Wertung ausschauen und hinterher, je nach Lage der Dinge, strahlen, weinen, von anderen umarmt und getröstet werden, mit Trainern und Müttern diskutieren und sichtlich zähneknirschend den Rivalen beglückwünschen. Manchmal geniert es einen etwas. Man kommt sich ganz indiskret vor, wenn man mit Millionen anderen dabei zuschaut, wie einem unglücklichen jungen Ding die Tränen nur so kullern oder wenn ein gleichfalls nicht glücklicher junger Mensch den Partner ganz offensichtlich so anfaucht, daß alle sonst gezeigte Liebenswürdigkeit in Großaufnahme zum Teufel geht. Auch das Mienenspiel der Mütter ist – wenn man sie so per Fernsehen ganz nah hat – nicht immer wirklich überzeugend mütterlich.

Doch dann gleiten sie wieder über das Eis, auf bestenfalls einem halben Quadratmeter in unserem Wohnzimmerraum, von der „Moldau“ oder der Ungarischen Rhapsodie oder sonst welchen für Eislaufpotpourris bewährten Klängen begleitet, so vollkommen und so schön anzusehen, daß selbst der Kommentator verstummt und unsere eigenen Einwände für den Moment dahinschwinden. Bis wir wieder in der Wirklichkeit landen mit: „Fünfacht, fünfneun, fünfacht…“

Mit dem Kreml im Rücken und im wirbelnden Schnee...

Die meisten Leute, die bedeutsame Vorträge halten, tun dies in dazu geeigneten Räumlichkeiten. Nur eine kleine, besonders exklusive Gruppe spricht mit Vorliebe unter besonders erschwerten Umständen in besonders unwirtlicher Umgebung. Nie würde einer von ihnen die Einfallslosigkeit besitzen über russische Innenpolitik in einem russischen Innenraum zu sprechen. Nein, Fernseh-Auslandskorrespondenten tun das viel eindrucksvoller auf dem Roten Platz, dem pfeifenden Wind – sicher pfeift er dort immer – und den wirbelnden Schneeflocken tapfer trotzend. Schal, Handschuhe oder gar Pelzmütze machen dem Zuhörer klar, daß der Vortragende sich in vollem Einsatz befindet. Und hin und wieder sieht man sogar einen von der sowjetischen Innenpolitik Betroffenen im Hintergrund vorbeischlendern. Natürlich kann man auch über den Zustand der italienischen Währung nur an Ort und Stelle auf der Straße sprechen – hinter sich ein historisches Gebäude und neben sich ein paar echte Römer, die in die Kamera winken. Diese Kamera stelle ich mir für die vortragenden Damen und Herren als äußerst nützlich vor – sonst würde man wirklich dazu neigen, jemanden, der mitten auf der Straße eine längere Rede hält, für bemitleidenswert zu halten. In den Vereinigten Staaten wäre es für jene Herren oder Damen natürlich weit unter ihrer Berufsehre, den Mund aufzutun, ohne mindestens das Weiße Haus oder das Kapitol – wo es anscheinend auch immer windig ist – im Rücken zu haben, und im Nahen Osten spricht's sich offensichtlich am besten inmitten eines wimmelnden Bazars – natürlich im luftigen Freizeithemd. Alle Achtung vor der Konzentration, ausgerechnet hier die Chancen der demnächst stattfindenden Konferenz gewissenhaft abzuwägen.

Der interessierte Fernsehzuschauer fragt sich natürlich: Kann er dies alles auswendig, oder liest er ab? Und wenn ja, wo? An der gepflegten Kleidung, dem nicht flatternden Haar und dem unbewegten Hintergrund merkt der geübte Fernsehzuschauer natürlich sofort, wenn „unser" Auslandskorrespondent schummelt und sich nur vor einem Foto des Kreml oder des Arc de Triomphe aufhält. (Hat er sich das letztemal im Regen einen Schnupfen geholt?)

Der Fernsehzuschauer, der nicht nur an Unterhaltung und Sport interessiert ist, kennt sie mit der Zeit alle: den, der immer so tieftraurig guckt und spricht, die Dame mit dem hübschen Akzent, den, der immer gerade vom Schlachtfeld kommt, und den, der immer so ungeheuer alles besser weiß, daß es ein Jammer ist, daß man ihn dort, wo er lebt, nie im Fernsehen sehen kann. Manchmal lernt man auch neue kennen: wenn nämlich plötzlich die ganze Welt auf einen Ort blickt, wo bisher „unser" Korrespondent ein echtes Schattendasein geführt haben muß. Und wenn man dann später den Namen der betreffenden Hauptstadt hört, taucht vor dem inneren Auge nicht etwa die Erscheinung eines Einheimischen auf, sondern das Bild des dortigen Fernsehberichterstatters im flatternden Buschhemd. Und alle Städte- und Personennamen sprechen wir seitdem nach Möglichkeit genauso fremdartig aus, wie er es uns in jener Krisenwoche vorgemacht hat.

Es gibt übrigens eine ganze Menge Leute, die interessiert weder, was in Brüssel oder in Stockholm, in Paris oder Peking, in Lissabon oder New Delhi noch was bei der UNO, NATO oder EWG passiert. Gegen diese Leute hat der, der wissen will, was in der weiten Welt los ist, einen erbitterten Kampf zu kämpfen. Man hat sich zum Beispiel gegen hinterlistiges Umschalten zu wehren, das unsere Korrespondentin in Genf zugunsten des Sandmännchens verschwinden läßt, das von den Konsumproblemen in Tokio zu „Im Auftrag von Madame" überspringt, und der Herr, der vor dem Pentagon steht und sichtlich friert, muß gar einer Dame weichen, die für alle in Frage kommenden Temperaturen das gleiche Waschmittel nimmt. Aber selbst, wenn man alle Angriffe auf den Umschaltknopf erfolgreich abzuwehren imstande ist, ist noch lange kein ungestörtes Zuhören garantiert. Es ist erstaunlich, was für dringende Anliegen Menschen in den Kopf kommen, die bei irgend etwas nicht zuhören wollen, und selbst der Hund will gerade während der römischen Regierungskrise plötzlich hinaus. So steht dann auf dem Bildschirm der Korrespondent im heißen Wüstenwind oder auf der „Großen Mauer", und man bekommt nur am Rande mit, was er berichtet. Aber man sieht wenigstens doch, wo etwas los ist.

Die Damen und Herren auf dem Bildschirm

Neulich habe ich auf einem Fest, wo man viele Leute treffen konnte, einen Herrn freudig begrüßt, der darob ziemlich erstaunt war. Ich begriff zuerst gar nicht, wieso, bis mir aufging, daß ich diesen Herrn bisher lediglich vom Bildschirm kannte, was ihm natürlich nie die Gelegenheit gegeben hat, auch seinerseits mich kennenzulernen. Aber so geht es nicht nur mir: Die Leute vom Fernsehen kommen so oft in unser Wohnzimmer, daß sie schließlich zu einer Art von Bekannten werden. Allerdings ist es nicht immer ganz leicht, sie einzusortieren, wenn man sie gewissermaßen außer Dienst trifft. Bis man etwa heraus hat, daß der Mann, der da im Bäckerladen um Pflaumenkuchen ansteht, als der Gehilfe des Gangsters in einer längst abgelaufenen Serie arbeitete oder daß die recht elegante ältere Dame jene war, die in der Familienserie unermüdlich putzte, vergehen oft qualvolle Minuten der Überlegung.

Natürlich hat man bei seinen Bekannten vom Bildschirm auch Vorlieben und Abneigungen. Sonst ganz friedliche Menschen können sich ausgesprochen erbosen, wenn ein bestimmter, von ihnen nicht geschätzter Herr auf der Mattscheibe auftaucht. Nach dem Motto: „Wenn ich schon die Visage sehe ..." kann dann der Ärmste sagen, tun oder anhaben, was er will – immer wird er der allerschärfsten Kritik unterworfen. „Groß daherreden kann er – aber sieh bloß mal die Krawatte, die er wieder umhat ..." heißt es da etwa, während seinem geschätzteren Kollegen alles verziehen wird; dessen Fehler werden alle auf seine Frau abgeschoben, von der man noch nicht einmal so ganz genau weiß, ob sie überhaupt existiert. Immerhin sollte sie besser für ihn sorgen, beispielsweise dafür, daß er sich nicht ein so auffallendes Jackett kauft, daß sein Hemd besser gebügelt wird, daß der Friseur sein Haar nicht so kurz schneidet, daß er nicht so elend aussieht und daß er mal Urlaub macht oder zehn Pfund abnimmt. So jedenfalls hört man es immer wieder vor den Bildschirmen, wenn Lieblinge in Erscheinung treten. Die Gerechtigkeit sorgt dann allerdings dafür, daß durchaus nicht alle Fernseher den gleichen schätzen, so daß auf die Verunglimpfung des einen Quizmasters als Revanche sofort von seinen Anhängern das Argument folgt, daß er immerhin bessere Manieren hat als der von seinen Gegnern so gepriesene und daß der, dem angeblich immer etwas einfällt, es nicht vertragen kann, wenn einer von seinen Kandidaten auch einmal schlagfertig ist. Übrigens wird – und nicht nur von älteren Damen – sehr streng auf gutes Benehmen bei unseren Fernsehstars geachtet. Von dem mahnenden Zuruf: „Laß doch endlich auch mal jemand anders ausreden!" bis zu dem Hinweis, daß er sich auch vorher sein Haar hätte richten können, daß seine Socken rutschen und daß man nicht mit dem Finger auf Leute zeigt, bekommt er in seine mehr oder weniger lichtvollen Äußerungen hinein jede Menge Kritik zu hören – nur schade, daß er sie nicht hören kann. Allerdings erinnere ich mich an einen Fall, wo einer der Starreporter sich just in dem Augenblick umdrehte, als eine schon sehr betagte Fernsehzuschauerin bemängelte, daß er schon wieder einer Dame den Rücken zuwandte. Ich glaube, so ganz sicher ist angesichts dieses pädagogischen Erfolgs die betreffende Zuschauerin nicht mehr, ob ihr Held es nicht vielleicht doch gehört hat. Übrigens gibt es auch herbe Kritik, wenn sich die Stars alle untereinander zu küssen pflegen. Dies, so wird gewünscht, sollen die Betreffenden doch lieber zu Hause tun.

Zu den Damen, die einem da per Bildschirm ins Wohnzimmer kommen, gibt es natürlich auch mancherlei zu sagen. Warum zum Beispiel lächeln sie auf die heiterste Art, wenn sie eine Komödie ansagen, und blicken tieftragisch, wenn sie verkünden, daß heute etwas Ernsthaftes auf dem Programm steht? Außerdem tragen sie auch die passende Gewandung: ausgeschnittene Glitzerbluse zur Operette, zünftigen Pullover zur Diskussion und seriöse, festliche Gewandung zu Shakespeare oder so ähnlich. Kein Wunder, daß es außer dem Zuruf: „Nun lach doch nicht schon vorher – es hat ja noch gar nicht angefangen!" noch mancherlei zu äußern gibt, etwa die Frage, wo es ihr bloß gelungen sein mag, einen Pullover aufzutreiben, der noch unkleidsamer ist als der vom letztenmal. Auch die betrübliche Feststellung: „Die trägt ja wirklich ihr ganzes Geld zum Friseur" mit anschließender Diskussion darüber, welches denn nun wohl die echten Haare sind und wann die Perücke getragen wird, hat schon vor manchem Bildschirm ohne befriedigendes Endergebnis stattgefunden. Übrigens muß auch, nach Ansicht der Zuschauer, den Assistentinnen in Unterhaltungssendungen scharf auf die Finger geguckt werden, geschieht es doch zuweilen, daß ihr Gedächtnis, ihre Geistesgegenwart, ihre Rechenkünste und ihre Zuverlässigkeit nicht ganz so auserwählt sind wie ihre Figuren. Fernsehzuschauerinnen mit weniger perfekten Figuren – und die sind gewaltig in der Überzahl – können da ganz gnadenlos sein, selbst wenn die Schönen in holder Verwirrung noch so reizend lächeln.

Um übrigens auf die eingangs erzählte Begebenheit zurückzukommen: Es kann einem als Fernsehzuschauer auch umgekehrt gehen. Nachdem ich neulich vergeblich in schwerer Gedankenarbeit versucht habe, eine hübsche junge Dame in irgendeiner Sparte des Fernsehens unterzubringen, weil ich sie von dorther zu kennen glaubte, identifizierte ich sie schließlich als Assistentin meines Zahnarztes, die ich noch nie ohne ihren weißen Ärztekittel gesehen hatte. Ich hätte sie fast schon bei „Tatort" untergebracht...

Allerlei Nebenbeschäftigung

Heute kommt es einem vor, als sei es mindestens hundert Jahre her, als man überall, wo Leute diskutierten, auch darüber diskutierte, ob sich der gebildete Mensch einen Fernsehapparat anschaffen sollte oder nicht. Schließlich sei es dann aus mit echter Geselligkeit, mit Bücherlesen, Ins-Theater-Gehen, mit Gesprächen und Musikhören und mit dem Wohl der Kinder und Heranwachsenden! Sehr heftig gegen die Anschaffung argumentierte auch eine meiner betagteren Tanten: beim Radiohören hätte sie immer so schön gehäkelt und gestrickt. Beim Fernsehen aber bliebe gar nichts anderes zu tun als nur hinzugucken. Und dann könnten wir sehen, woher wir in Zukunft Schals, Pullover, Kinderjäckchen und Skiunterhosen bekämen. Wie es seitdem um das Wohl der Kinder, die Geselligkeit und den Theaterbesuch bestellt ist, sei dahingestellt; was aber das Handarbeiten anbetrifft, kann ich berichten, daß die Umstellung voll gelungen ist: nicht nur meine Tante, sondern mehrere Generationen von begabten Strickerinnen verstehen es inzwischen, angesichts von Naturkatastrophen, Gangstern, gefährdeten Tieren, unbegabten Schlagermiezen, internationalen Verwicklungen und dem Nachrichtensprecher Köpcke ihre guten Werke fertigzustellen. Ja, selbst mir, die ich auf diesem Gebiet nicht so begnadet bin, gelang ein Werkstück in Gestalt einer Tasche aus rotem Hanf, ohne das die Handarbeitslehrerin meiner jüngsten Tochter nicht zufriedenzustellen gewesen wäre, Aug' in Auge mit dem im Kerker einsitzenden Freiherrn von der Trenck – allerdings nur knapp befriedigend.

Aber Handarbeit ist noch lange nicht alles: es gibt überhaupt kaum einen Menschen, der beim Fernsehen nur hinguckt. Zunächst einmal greift man immer wieder zur Programmzeitschrift, und wenn das Gebotene auf dem Bildschirm etwas durchhängt, ertappt man sich dabei, daß man zum soundsovielten Male den Bericht über die Darstellerin vom gestrigen Spätprogramm liest, die sich mindestens zwei Kinder wünscht, die sie dann zu freien und toleranten Menschen erziehen will. Man kann sich auch einem richtigen Buch widmen und dabei aufpassen, daß man das nächste Programm nicht verpaßt, und dann so lange, bis das Gewünschte so richtig in Schwung gekommen ist, immer zwischen Buch und Bildschirm hin- und herschweifen, man kann sich die Nägel maniküren, wobei man allerdings unter Umständen das entscheidende Zusammenzucken des bisher Unverdächtigen verpaßt, und man kann – leider – essen. Beim Essen ist zu unterscheiden zwischen richtiger Fernsehkost, die aus Tüten und Schälchen in beträchtlichen Mengen, ohne die enthaltenen Kalorien zu realisieren, entnommen wird, Appetithäppchen, die ein meist Unwilliger aus der Küche besorgen muß, und richtigen Mahlzeiten, die sehr zum Ärger dessen, der sie liebevoll bereitet hat, entweder mit vor den Bildschirm genommen oder mit dorthin verdrehten Köpfen und Stühlen am Eßtisch – auf jeden Fall aber achtlos – genossen werden. Aber auch die Zubereitung der Mahlzeiten geschieht zuweilen beim Fernsehen: Legionen von Spargeln wurden in Jahrzehnten angesichts des Frühschoppens geschält und die Schnitzelei der Mandeln für die Weihnachtsbäckerei kann durch die Betrachtung einiger Damen aus dem „Crazy Horse“ in Paris etwas von seiner Monotonität verlieren.

Beim Fernsehen läßt sich natürlich auch aufräumen, bügeln, Post und Zeitung lesen und schmusen. Manche Nebentätigkeiten allerdings sind sehr umstritten. So mögen es uneinsichtige Eltern beispielsweise nicht, wenn die Schulaufgaben vor dem Bildschirm gemacht oder die Bedankemichbriefe dortselbst geschrieben werden. Noch nicht einmal Radiohören wird anerkannt, obwohl der Vater zugeben muß, daß er dereinst, bei weltweiten Fußballereignissen das eine Spiel (stumm) im Fernsehen ansah, während er dem anderen gleichzeitig am Radio folgte. Telefonieren wird auch gern geübt und als störend empfunden, und auch die Unterhaltungen, die wohl die Hauptnebenbeschäftigungen sind – ob zum Geschehen auf dem Bildschirm oder zu etwas ganz anderem –, werden nicht immer gern gesehen. Vor allem denen, die sowieso eigentlich das andere Programm sehen wollten, fällt nämlich ständig etwas ein. Das geht von „Was meint eigentlich der Heizungsmonteur zu einem neuen Kessel" über „Sind meine braunen Schuhe nun endlich beim Schuster gelandet?" bis zu: „Wir müssen allmählich mal wegen Sylvester herumtelefonieren!" Auf jeden Fall ist es immer lästig. Und dabei sind wir bei einer weiteren gern geübten Nebenbeschäftigung: es läßt sich auch beim Fernsehen streiten. Der Anlaß kann bei gefährlichen Parallelen auf dem Bildschirm oder ganz außerhalb des Programms liegen. Jedenfalls entwickelt sich da eine ganz besondere Technik des Streites, wenn man den anderen damit zur Raserei bringt, daß man so tut, als sei man total vom Geschehen auf dem Bildschirm gefesselt und völlig gleichgültig gegen die Argumente und den Sturm im Busen des anderen.

Ja, und dann kann man natürlich noch vorzüglich beim Fernsehen schlafen.

... und dann kamen mir plötzlich die Tränen

Ungefähr zweihundert Jahre zurück, da hatten die Männer noch einen Busen, in dem ein fühlendes Herz schlug. Und da ihre besten Freunde auch einen Busen zu haben pflegten, warf man sich in gefühlsbetonten Momenten – sei es, weil man unglücklich war, sei es, weil man gerade einen besonders schönen Mondaufgang erlebt oder ein besonders ergreifendes Gedicht gelesen hatte oder ein besonders himmlisches Mädchen liebte – an den Freundesbusen und weinte dortselbst. Und wer dies nie tat, den hielt man für einen kaltschnäuzigen Hund, der zwar auch einen Busen, aber kein Herz darin besaß und das Gefühl edler Rührung nicht kannte. Was dies betrifft, haben sich die Zeiten gründlich geändert. Und alle Nostalgie hat weder den männlichen Busen noch die edle Rührung wieder in Mode gebracht. Ganz im Gegenteil: Fängt etwa bei der Hochzeitstischrede die Stimme des Brautvaters bedenklich an zu schwanken – Brautvaterstimmen haben nun einmal diese Neigung –, blicken alle Festteilnehmer geniert in eine andere Richtung. Und selbst bei Begräbnissen, wo doch eigentlich Rührung erlaubt sein sollte, hofft man immer, daß die Herren, die den Verstorbenen noch einmal würdigen, dies möglichst trockenen Auges tun. In diesem Zusammenhang beschämt mich die Erinnerung an einen Deutschlehrer, der beim Vorlesen einer sehr traurigen Novelle mehrmals zum Taschentuch greifen mußte. Dies wurde nämlich als Geheimtip von Klasse zu Klasse weiterempfohlen: Er wurde überall um diese Vorlesung gebeten, und wir amüsierten uns leider königlich.

Nun aber haben sich die Zeiten doch nicht soweit geändert, daß nicht wenigstens den Frauen noch ein Busen wohlanstände, und ein steinernes Herz tragen wir auch nicht darin. Da kann es passieren, daß der Anblick schöner Bräute und paarweise in die Kirche marschierender Konfirmanden einem plötzlich ans Herz greift. Und beim Gesang von Weihnachtsliedern beginnt mit einem Male die Stimme zu zittern, was auch beim Vorlesen der schrecklich traurigen Kindergeschichte passieren kann. In solchen Momenten finden wir uns selbst manchmal von Herzen albern und können uns kaum begreifen; aber die Rührung ist eindeutig stärker als alle Bemühungen, ihrer Herr zu werden oder sie wenigstens vor der Umwelt zu verbergen.

Denn, ach, die Umwelt reicht im besten Fall diskret ein Taschentuch und sieht dann geniert weg. Manchmal schämt sie sich unser, und manchmal reagiert sie so wie wir seinerzeit bei dem vorlesenden Lehrer: Sie findet die Sache äußerst komisch. Zugegeben, man kann es nicht tragisch nehmen, wenn jemand mit verheulten Augen und roter Nase aus dem Kino kommt. Aber es ist auch nicht schön, ausgelacht zu werden, wenn einem das traurige Schicksal der armen Effi Briest so zu Herzen gegangen ist, daß man ganz mitgenommen auf die Straße tritt. Es wirkt auch merkwürdig, wenn man auf dem Sofa sitzt und beim Lesen abwechselnd zu den Salzmandeln und nach dem Taschentuch greift. Aber es ist sicher genau das, was der Dichter – wenigstens soweit es das Taschentuch betrifft – in seinen kühnsten Träumen wünschte.

Es soll schon zu großer Erbitterung und zu grundsätzlichen Auseinandersetzungen geführt haben, wenn vor dem heimischen Fernsehapparat ein Teil der Zuschauer sichtlich ergriffen war und der andere Teil spöttische Bemerkungen machte – nicht nur über das gerade dargebotene Kunstwerk, sondern auch über die sichtliche Ergriffenheit der Leute mit dem fühlenden Herzen im Busen. Wahre Haßgefühle können zu solchen Gelegenheiten in eben diesem Busen gegen die erwachen, die im falschen Moment anfangen zu lachen, und der Sinn für durchaus witzige Bemerkungen und für Humor ist in solchen Augenblicken zeitweilig völlig abhanden gekommen.

Ich kenne eigentlich überhaupt keine modernen Menschen, die jemanden haben, mit dem sie sich, wie ihre Vorfahren, so recht von Herzen gemeinsam der Rührung hingeben können. Da aber offenbar ein gewisser Genuß darin zu finden ist, sich von Zeit zu Zeit rühren zu lassen, ist es sicher am allerschönsten, ganz ungestört und für sich allein im stillen Kämmerlein so richtig schön um Dinge Tränen zu vergießen, die einen eigentlich nicht direkt angehen.